VOCE IN AFFITO

Ed Tyll
Voce in Affito

All rights reserved
Copyright © 2025 by Ed Tyll

Nessuna parte di questa pubblicazione può essere riprodotta, distribuita o trasmessa
in qualsiasi forma o con qualsiasi mezzo, inclusi fotocopiatura, registrazione o altri
metodi elettronici o meccanici, senza il previo consenso scritto dell'editore, eccetto
nei casi di brevi citazioni incluse in recensioni critiche e altri usi non commerciali
consentiti dalla legge sul diritto d'autore.

—

Pubblicato da - Spines
ISBN: 979-8-89691-529-4

Voce in Affito

Le Avventure Radiofoniche di un Nipote
di Fondi

Edoardo DiVizio Tyll

PREFAZIONE

Quando Edward Tyll è entrato nel mio ufficio per la prima volta, ho capito subito che era destinato alla grandezza. Il suo entusiasmo era contagioso, l'energia inesauribile, e le sue capacità intellettuali erano affilate come una lama. Ma ciò che lo rendeva davvero unico era la sua voce: un suono inconfondibile e magnetico, capace di catturare l'attenzione e suscitare curiosità.

Dal momento in cui l'ho ascoltato parlare, sapevo che era un comunicatore nato. Aveva il dono dell'espressione verbale spontanea, un talento innato nel tessere parole e trasformarle in storie affascinanti, capaci di far ridere, commuovere e spingere a riflettere sul mondo che ci circonda.

Ed era un pioniere, un pioniere nel mondo della radio parlata. Non aveva paura di superare i limiti, di mettere in discussione il pensiero comune e di affrontare argomenti controversi con umorismo e intelligenza. Era una boccata d'aria fresca in un'industria stantia, una voce che risuonava forte tra gli ascoltatori stanchi dei soliti punti di discussione e formati prevedibili.

Negli anni, ho osservato con orgoglio la carriera di Ed decollare. È diventato un nome noto, una figura amata nelle comunità che serviva e una vera icona della radio parlata. Ma, nonostante tutto ciò, non ha mai perso la sua passione, la sua energia, né quel timbro unico che lo ha sempre contraddistinto.

Questo libro è una testimonianza dell'incredibile percorso di Ed, una raccolta di storie che catturano gli alti e bassi, i trionfi e le sfide, di una vita dedicata all'arte della radio. È una lettura essenziale per chi ama il mondo della radio, per chi riconosce il potere della parola parlata e per chi crede nell'importanza di seguire i propri sogni.

Quindi mettiti comodo, rilassati, e goditi il viaggio. Ed Tyll sta per portarti in un'avventura selvaggia e indimenticabile attraverso il mondo della radio parlata.

Everett Bigglesworth

CAPITOLO 1

FESTA DEL BLACKOUT

In un incrocio bloccato dai clacson nel lato ovest di Midtown a New York City, dove i sogni brillavano come stelle nel cielo notturno, intrapresi un'avventura emozionante per diventare un conduttore radiofonico.

Immaginami: un tipo carismatico con una voce più liscia del velluto e un'arguzia più affilata di una puntina. Con un microfono in uno studio e un luccichio negli occhi, ero pronto a scatenare risate sulle onde radio.

Il mio show, giustamente intitolato "The Ed Tyll Show", guadagnò rapidamente una schiera di fan fedeli. Persone di tutti i ceti sociali si sintonizzavano per ascoltare la mia miscela unica di umorismo, arguzia e assurdità senza vergogna. Ogni episodio era un giro sulle montagne russe, pieno di risate e colpi di scena inaspettati che lasciavano gli ascoltatori sia intrattenuti che sconcertati.

Uno dei segmenti più indimenticabili coinvolse una chiamata di un ascoltatore che affermava di aver inventato un dispositivo in grado di tradurre il linguaggio degli animali. Intrigato e leggermente scettico, accettai di intervistare un pappagallo di nome Polly, che espresse opinioni sorprendentemente raffinate sulla politica e sulla cultura pop. Il pubblico non poteva smettere di ridere: cercavo di mantenere una faccia seria mentre Polly criticava le ultime tendenze della moda.

Un'altra volta, organizzai un esperimento in diretta, sfidando gli ascoltatori a identificare vari oggetti domestici bendati, mentre anche io ero bendato. I risultati furono niente meno che comici. Dallo scambiare un aspirapolvere per uno strumento musicale al definire una padella come un UFO, le ipotesi selvagge dei partecipanti fecero ridere me e il pubblico fino alle lacrime.

Ma non era tutto solo divertimento e leggerezza. Ebbi il privilegio di intervistare alcuni dei personaggi più eccentrici che si potessero immaginare. C'era l'autoproclamato viaggiatore nel tempo che affermava di aver assistito alla costruzione delle piramidi, un teorico della cospirazione che credeva che Elvis Presley fosse ancora vivo e nascosto nel Triangolo delle Bermuda, e persino una sirena professionista che dispensava consigli sul galateo subacqueo. Ogni intervista era una testimonianza della sconfinata creatività e immaginazione dei miei ascoltatori.

Naturalmente, tutti i programmi radiofonici avevano le loro difficoltà tecniche. Un incidente particolarmente memorabile coinvolse un'improvvisa interruzione di corrente durante una diretta. Impavido, continuai il mio show nell'oscurità, facendo affidamento solo sulla mia arguzia e sul suono della mia stessa risata. Il pubblico lo adorò, e l'episodio divenne noto come la "Festa del Blackout".

Con la crescita della popolarità del mio show, aumentò anche il mio status di celebrità. Fui invitato a recitare in spot pubblicitari, ad apparire in programmi televisivi e persino a scrivere un libro di auto-aiuto intitolato "Come Parlare e Uscire da Qualsiasi Situazione". Il libro divenne subito un bestseller, grazie ai suoi aneddoti esilaranti e ai suoi consigli non convenzionali su come affrontare le situazioni imbarazzanti della vita.

Ma, tra le risate e agli applausi, rimasi con i piedi per terra. Non dimenticai mai le mie umili origini di ragazzo di provincia con grandi sogni. E così, ogni giorno, andavo in onda, desideroso di condividere il mio umorismo con il mondo, sperando di portare gioia anche nei giorni più bui.

E così, il mio viaggio come conduttore di un programma radiofonico continuò, pieno di momenti esilaranti, personaggi indimenticabili e il supporto incrollabile dei miei fedeli ascoltatori. Attraverso tutto ciò, non persi mai di vista il mio obiettivo: far ridere le persone e ricordare a tutti che, anche in mezzo alle assurdità della vita, c'era sempre spazio per una buona risata.

Per me tutto iniziò durante una grande tempesta di neve.

Nacqui in una notte nevosa, nel quartiere nord di New York City, il Bronx. La bufera era così forte che mio padre dovette scavare per liberare la nostra auto dalla neve solo e portare mia madre in ospedale. Quando finalmente arrivai, il dottore non potè fare a meno di ridere vedendo mio visino rosso sbucare da sotto una coperta di neve.

"Bene, sembra che abbiamo un piccolo coniglietto delle nevi tra di noi!" esclamò.

Mentre la neve continuava a cadere fuori, fui avvolto in una coperta calda e messo tra le braccia di mia madre. Lei mi guardò con amore e divertimento, e non potei fare a meno di sentirmi il bambino più fortunato del mondo a essere nato in un tale magico paese delle meraviglie invernale.

Ma la mia entrata trionfale nel mondo non finì lì. Mentre i miei genitori mi portavano a casa dall'ospedale, la neve iniziò a scendere ancora più forte. Le strade erano pericolose, e mio padre dovette guidare con estrema cautela. A un certo punto, rimanemmo bloccati in un cumulo di neve e fummo salvati da uno spazzaneve di passaggio.

Nonostante le sfide, i miei genitori erano di ottimo umore. Non riuscivano a smettere di parlare di quanto erano felici di avermi nelle loro vite. E mentre guardavo fuori dal finestrino le strade coperte di neve, avvertii un senso di pace e soddisfazione che non avevo mai provato prima.

Quella notte, mentre dormivo profondamente nella mia culla, la neve continuava a scendere. Era come se l'intera città stesse celebrando il mio arrivo. E quando il sole sorse la mattina successiva, mi svegliai in un mondo trasformato in un paese delle meraviglie invernale. La neve brillava come diamanti, e gli alberi erano avvolti in un soffice manto bianco.

I miei genitori mi avvolsero in vestiti caldi e mi portarono fuori a vedere la neve per la prima volta. Ero meravigliato dalla sua bellezza e non potevo smettere di allungare le manine per toccarla. Mentre giocavo nella neve, sentii una connessione con la natura che non avevo mai provato prima.

E così, il mio viaggio in questo mondo è iniziato in una notte nevosa a New York City. È stato un inizio magico di una vita piena di amore, risate e avventure. E ancora oggi, ogni volta che nevica, non posso fare a meno di sorridere e ricordare il giorno in cui sono nato: il giorno in cui è arrivato il coniglietto delle nevi.

CAPITOLO 2

Il Fiasco del Primo Show

La prima volta che condussi un programma radiofonico in riva al mare, ero determinato a fare colpo. Mi immaginavo come un conduttore affascinante e spiritoso, pronto a intrattenere i bagnanti con la mia parlantina irresistibile e aneddoti esilaranti. Quello che non sapevo era che l'oceano aveva altri piani per me.

Arrivato in spiaggia, fui accolto da una vista mozzafiato della costa. Le onde si infrangevano contro la sabbia dorata, e i gabbiani volavano sopra di noi. Preparai la mia attrezzatura, impaziente di iniziare. Il sole splendeva brillante, e l'atmosfera era perfetta per una giornata di divertimento e risate.

Iniziai lo show con un saluto allegro. Avevo un po' di musica vivace da far ascoltare e alcune battute da condividere, sperando di riscaldare il pubblico. Tutto sembrava filare liscio.

Ma poi, il disastro si abbatté. Mentre ero nel bel mezzo di una storia esilarante su un granchio parlante, un'onda dispettosa si scagliò improvvisamente sulla mia attrezzatura, inzuppandomi dalla testa ai piedi. Le mie cuffie si riempirono d'acqua e il mio microfono iniziò a emettere una serie di stridii assordanti.

Rimasi lì, completamente fradicio, cercando di mantenere la mia compostezza mentre il pubblico scoppiava a ridere. Non potevo fare a meno di unirmi al divertimento, rendendomi conto che quello era uno di quei momenti che semplicemente dovevi abbracciare.

Con l'aiuto di alcuni bagnanti, riuscii a recuperare la mia attrezzatura e a continuare lo show. Improvvisai un segmento chiamato "Radio Bagnata e Selvaggia", dove condivisi storie di altri sfortunati disastri in riva al mare e invitai gli ascoltatori a chiamare per raccontare le loro sventure.

Con mia sorpresa, il pubblico lo adorò. Mi incitarono, offrendomi asciugamani e persino condividendo la loro crema solare per aiutarmi ad asciugarmi. Compresi che, a volte, i migliori programmi radiofonici erano quelli che andavano fuori controllo nei modi più inaspettati.

Da quel giorno, diventai noto come il "Tizio della Radio Bagnata e Selvaggia". Continuai a condurre programmi radiofonici in riva al mare, ma feci sempre attenzione all'oceano, nel caso avesse deciso di giocarmi un altro scherzo.

E così, il mio primo programma radiofonico in riva al mare passò alla storia come un disastro esilarante che si trasformò in un'esperienza indimenticabile. Mi ha insegnato che, anche quando le cose vanno storte, c'è sempre un modo per riderci sopra e trasformare un fallimento in un momento memorabile, sia per te che per il tuo pubblico.

Alla fine, ho imparato che la cosa più importante nel condurre uno spettacolo radiofonico in riva al mare è essere preparato a qualsiasi cosa. Non sai mai quando un'onda ribelle potrebbe abbattersi su di te, ma se riesci ad abbracciare il caos e trovare un modo per renderlo divertente, avrai uno spettacolo che le persone non dimenticheranno mai.

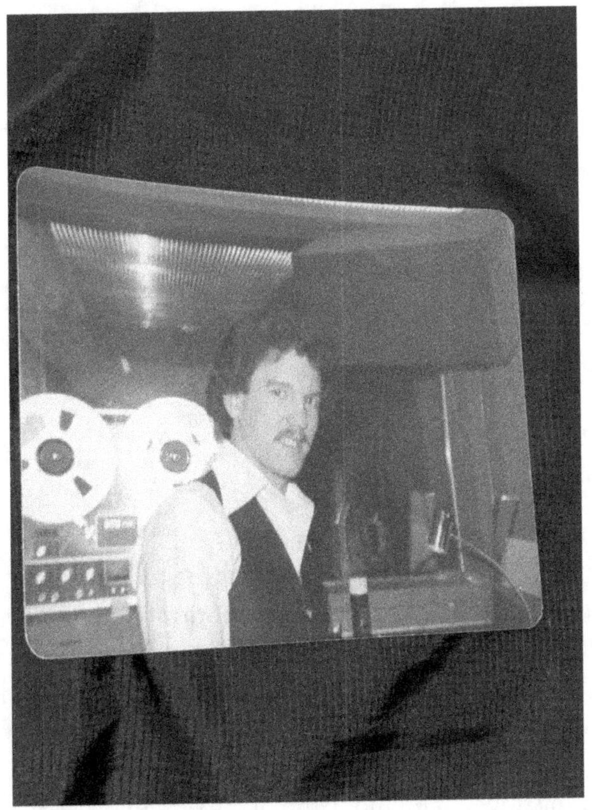

Primi Giorni

CAPITOLO 3

IL TEMIBILE BIGGLESWORTHY

Il mio capo, il signor Bigglesworth, era un uomo severo e serio. Aveva la reputazione di essere senza umorismo e molto esigente, e avevo sempre fatto del mio meglio per non attirare la sua ira. Cioè, fino al giorno in cui, senza volerlo, lo feci arrabbiare con il mio programma radiofonico.

Quel giorno, le notizie scarseggiavano e io stavo finendo le idee per la trasmissione. In un momento di disperazione, decisi di fare un segmento sugli scherzi in ufficio più divertenti che avessi mai visto. Raccontai qualche aneddoto innocuo sui miei colleghi, assicurandomi di cambiare i loro nomi e alcuni dettagli per proteggere le loro identità.

Non sapevo, però, che il signor Bigglesworth stava ascoltando.

Il giorno dopo, mi convocò nel suo ufficio. Quando entrai, potevo vedere le nuvole di tempesta addensarsi sul suo volto.

"Signor Tyll," iniziò, la sua voce fredda e minacciosa, "mi risulta che stia usando il suo programma radiofonico per ridicolizzare i suoi colleghi."

Rimasi spiazzato. "Ma, signore, ho cambiato i loro nomi e alcuni dettagli. Nessuno può riconoscerli," protestai.

"Non è questo il punto," rispose. "Sta facendo sembrare la

nostra azienda non professionale. Non voglio che i nostri dipendenti pensino che siamo uno scherzo."

Provai a spiegargli che non avevo alcuna intenzione di mettere in imbarazzo l'azienda e che volevo solo far divertire gli ascoltatori, ma il signor Bigglesworth non ne voleva sapere.

"Lei è sospeso dal programma radiofonico fino a nuovo ordine," dichiarò. "E si consideri fortunato che non la licenzi."

Uscii dal suo ufficio sentendomi sconfitto e abbattuto. Non avevo mai avuto intenzione di offendere il signor Bigglesworth o di mettere in imbarazzo l'azienda. Volevo solo far ridere le persone.

Alcuni giorni dopo, rimasi sorpreso quando ricevetti una telefonata dal signor Bigglesworth. Si scusò per aver reagito in modo eccessivo e ammise di essere stato sotto molto stress ultimamente. Mi reintegrò nel programma radiofonico e mi incoraggiò a continuare a fare i miei segmenti di scherzi, purché facessi più attenzione a proteggere le identità dei miei colleghi.

Ho imparato una lezione preziosa quel giorno: quando si tratta di umorismo, è sempre meglio essere prudenti, soprattutto quando il tuo capo è noto per avere un carattere poco paziente.

CAPITOLO 4

DISASTRO A CENA

Era un venerdì sera, e avrei dovuto godermi una cena romantica con la mia ragazza, Sarah. Ma, invece, mi ritrovai bloccato alla stazione radio, a condurre il mio programma radiofonico.

Tutto iniziò quando ricevetti una chiamata dal mio capo, il signor Bigglesworth.

"So che è la sua serata libera, ma il nostro ospite speciale ha cancellato all'ultimo minuto," disse. "Ho bisogno che lei venga qui e lo sostituisca."

Sospirai. Avevo aspettato l'appuntamento con Sarah per tutta la settimana, ma sapevo che non potevo dire di no al signor Bigglesworth.

"Va bene, arrivo," risposi, rassegnato.

Mentre guidavo verso la stazione, cercavo di pensare a un modo per farmi perdonare da Sarah. Forse avrei potuto portarla a cena la sera successiva.

Arrivato alla stazione, fui accolto da una produttrice frenetica.

"L'ospite ha cancellato cinque minuti fa," disse. "Non abbiamo nessun sostituto, e siamo in diretta tra dieci minuti."

Andai nel panico. Non avevo mai condotto una trasmissione senza un ospite.

"Nessun problema," dissi, cercando di sembrare fiducioso. "Troverò qualcosa."

Corsi nello studio e presi il microfono.

"Signore e signori," dissi, "benvenuti allo spettacolo. Stasera parleremo di..."

Mi bloccai, la mente vuota. Non avevo idea di cosa dire.

Poi mi venne in mente una vecchia storia di quando, durante una diretta, avevo accidentalmente ingoiato un microfono. Tanto valeva raccontarla.

Iniziai a raccontare la storia, e con mia sorpresa, il pubblico la adorò. Ridevano e chiamavano in diretta per condividere le loro storie più imbarazzanti.

Quando lo spettacolo terminò, mi ero completamente dimenticato del mio appuntamento con Sarah. Ero così preso dall'eccitazione dello spettacolo che non mi resi conto di quanto fosse tardi.

Quando finalmente tornai a casa, Sarah dormiva. Mi infilai nel letto e crollai dal sollo, stanco ma felice.

La mattina dopo, mi svegliai con Sarah che mi scuoteva leggermente per svegliarmi.

"Che ora pensi che sia?" chiese, assonnata.

Sorrisi. "Ho avuto un piccolo imprevisto al lavoro," dissi.

Le raccontai dell'ospite che aveva cancellato all'ultimo momento e dello spettacolo improvvisato. Lei rise e scosse la testa.

"Solo tu," disse. "Ma sono felice che ti sia divertito."

Sorrisi. "Anch'io," ammisi. "E mi dispiace di aver perso il nostro appuntamento. Che ne dici di riprovarci stasera?"

Sarah sorrise. "Per me va bene," disse.

E così, dopo una notte di avventure radiofoniche inaspettate, finalmente riuscii ad andare al mio appuntamento a cena con Sarah. E questa volta, nulla si mise sulla nostra strada.

UPI
United Press International
Broadcasters of Florida
1985
AWARDS OF EXCELLENCE
EDWARD F. TYLL
WPBR, Palm Beach
First Place
Coverage of an Extraordinary Event

L'UPI

CAPITOLO 5

LAVORARE NELLA TEMPESTA

Lavorare in una stazione radio situata direttamente sulla spiaggia in Florida era un sogno che si avverava, fino a quando un uragano non si abbatté su di noi. Mentre il vento si faceva sempre più forte e la pioggia iniziava a scendere orizzontalmente, mi ritrovai a trasmettere aggiornamenti in diretta ai nostri ascoltatori, cercando allo stesso tempo di impedire che l'attrezzatura venisse spazzata via dalla tempesta.

La corrente andava e veniva, e il suono del vento che ululava fuori era così forte che riuscivo a malapena a sentire i miei pensieri. Ma lo spettacolo deve andare avanti, come si suol dire, ed ero determinato a mantenere i nostri ascoltatori informati e intrattenuti, anche se significava rischiare la vita.

A un certo punto, una raffica di vento particolarmente forte spalancò la porta dello studio, facendo volare documenti e attrezzature ovunque. Dovetti tuffarmi sotto il tavolo per evitare di essere colpito da un'asta del microfono impazzita. Quando emersi, fradicio e spettinato, non potei fare a meno di ridere per l'assurdità della situazione.

Mentre l'uragano imperversava, continuai a trasmettere aggiornamenti, condividendo storie di sopravvivenza e resistenza dei nostri ascoltatori, barricati nelle loro case. Ricevemmo persino una chiamata da una donna che stava affrontando la tempesta nella sua vasca da bagno, in compagnia del suo pappagallo, che apparentemente era abbastanza indifferente all'intero evento.

Finalmente, dopo quella che sembrava un'eternità, l'uragano passò, lasciando dietro di sé una scia di distruzione. Ma la stazione radio era ancora in piedi, e io ero ancora in onda, anche se un po' malconcio.

Guardando fuori dalla finestra verso la costa devastata, non potei fare a meno di provare un senso di orgoglio per ciò che avevamo realizzato. Avevamo resistito alla tempesta, offrendo un servizio fondamentale alla nostra comunità. E lo avevamo fatto con una buona dose di umorismo e con la testardaggine di chi non si arrendeva mai.

Felice Guerriero delle Parole

CAPITOLO 6

LA RAGAZZA DELLA SPIAGGIA

Dopo una lunga giornata di scherzi in diretta e chiamate degli ascoltatori, decisi di fare una passeggiata sulla spiaggia dietro la stazione per rilassarmi. Il sole stava tramontando, gettando un bagliore caldo sulla sabbia e sulle onde. Mentre passeggiavo lungo la riva, notai una figura seduta su un asciugamano da spiaggia, immersa nella lettura di un libro.

Incuriosito, decisi di avviare una conversazione. "Bella serata, vero?" offrii, cercando di sembrare disinvolto e non troppo... da annunciatore radiofonico.

Lei alzò lo sguardo dal libro, con un sorriso divertito negli occhi. "Lo è," rispose, la sua voce liscia come la brezza oceanica. "E adesso lo è ancora di più."

Parlammo per un po', e scoprii che si chiamava Maya. Era in città solo di passaggio ed era stata attirata sulla spiaggia dal suono del mio spettacolo, che filtrava dalla finestra aperta della sua camera d'albergo. Confessò di aver trovato le mie storie e battute esilaranti, specialmente quella sul granchio parlante.

Lusingato e incoraggiato, la invitai a bere qualcosa in un bar sulla spiaggia lì vicino. Sorseggiando margarita e osservando le stelle farsi strada nel cielo, mi resi conto che stavo apprezzando la sua compagnia perfino più dello splendido tramonto.

Maya non era solo bella, ma anche intelligente, spiritosa e aveva una risata che mi faceva battere il cuore. Parlammo per ore, condividendo storie, sogni, e il nostro comune amore per il mare.

Quando la serata volse al termine, capii che non volevo che finisse. La accompagnai al suo albergo, e sotto il morbido chiarore della luna, ci scambiammo un bacio dolce e salato come l'aria dell'oceano.

Da quel giorno in poi, Maya divenne un'ascoltatrice regolare del mio spettacolo, e continuammo a incontrarci per passeggiate sulla spiaggia e margarita al bar. E ogni volta che la vedo, mi ricorda che a volte, le cose migliori nella vita accadono quando meno te lo aspetti, come incontrare una bellissima ragazza mentre passeggi sulla spiaggia dopo una lunga giornata di lavoro.

CAPITOLO 7

PANICO DA RITARDO

Il panico mi assale come uno sciame di api impazzite. Il mio spettacolo inizia tra 30 minuti, e io sono a chilometri di distanza dalla città più vicina. Come se non bastasse, la batteria del mio telefono è quasi morta: un misero 2%. Scruto freneticamente il paesaggio desolato, sperando di avvistare un'auto di passaggio, ma sembra che io sia l'unica anima viva su questo tratto di strada dimenticato da Dio.

Proprio quando sto per perdere tutte le speranze, un vecchio pickup arrugginito appare all'orizzonte. Si ferma accanto a me, e l'autista, un vecchio contadino con uno sguardo malizioso, scende. Mi squadra per un attimo, poi mi lancia una corda.

"Tieni duro, cittadino," dice con un sorriso.

Con la mia auto legata al suo pick-up, ci avviamo lungo la strada tra sobbalzi e scossoni. Nel frattempo, io rimbalzo sul sedile come una marionetta, cercando disperatamente di non perdere né i miei appunti né quel poco di dignità che mi resta.

Finalmente, arriviamo alla stazione radio con pochi minuti di margine. Entro, spettinato e senza fiato, proprio mentre la produttrice sta per chiamare la polizia per denunciare la mia scomparsa.

"Sei in ritardo!" esclama, con un misto di sollievo e esasperazione nella voce.

Inciampo nello studio e prendo posto dietro al microfono. Il cuore mi batte all'impazzata, i vestiti sono coperti di polvere, e sono abbastanza sicuro di avere ancora segni di ustioni da corda sulle mani.

Ma non appena la spia "On Air" si accende, mi stampo un sorriso sul volto e inizio il mio show. Intrattengo i miei ascoltatori con il racconto esilarante della mia assurda odissea, completa di effetti sonori e ricostruzioni drammatiche.

Al pubblico piace moltissimo. Chiamano per raccontare le loro disavventure con l'auto e gli imprevisti più assurdi. La mia produttrice ride così forte che le scendono le lacrime.

E io? Sono solo grato di essere vivo, in onda, e pronto a condividere le mie ridicole disavventure con il mondo. Perché, ammettiamolo, anche il peggior guasto alla macchina può trasformarsi in una storia esilarante, con la giusta dose di ironia e un perfetto tempismo comico.

Esperto Presidenziale

Capitolo 8

In Diretta sul Posto

Era una sera come tante nel sud della Florida, di quelle in cui l'umidità ti si appiccica addosso come una coperta bagnata e l'aria è satura del profumo di crema solare al cocco. Avevo appena terminato un turno estenuante alla stazione radio, dove stavo conducendo il mio talk show, "The Ed Tyll Show". La mia mente era ancora in subbuglio per gli argomenti trattati e non vedevo l'ora di tornare a casa, togliermi le scarpe e rilassarmi con una bibita fresca.

Mentre guidavo per le strade fiancheggiate da palme, il mio scanner della polizia si accese. Era in corso una rapina in una farmacia Eckerd, a pochi isolati dal mio appartamento. Il mio istinto da reporter si attivò e presi una decisione in un attimo. Non sarei andato a casa subito.

Sterzai e mi diressi verso il luogo della rapina. Avvicinandomi, vidi le luci lampeggianti delle volanti e una folla sempre più numerosa radunarsi intorno alla scena. Le auto della polizia circondavano il negozio, le loro sirene erano spente, ma le luci creavano un bagliore inquietante sulla scena.

Parcheggiai la macchina a una distanza sicura e presi il mio fidato registratore. Sapevo di dover raccogliere informazioni, ma anche che avvicinarmi troppo sarebbe stato rischioso. Così, feci quello che farebbe qualsiasi giornalista con un po' di ingegno: trovai una cabina telefonica.

Fortunatamente, avevo un tasca piena di monetine, un cimelio dei miei giorni di infanzia quando chiamavo i miei amici sui telefoni fissi. Composi il numero della stazione e fui immediatamente collegato alla redazione.

"Qui Ed Tyll, in diretta dal luogo della rapina," annunciai, cercando di suonare il più professionale possibile, nonostante fossi in piedi in una cabina telefonica debolmente illuminata, circondato da zanzare ronzanti.

Per le quattro ore successive, diventai gli occhi e le orecchie dei nostri ascoltatori. Descrissi la scena nei minimi dettagli, trasmettendo informazioni raccolte dagli ufficiali di polizia, testimoni e persino qualche curioso che non vedeva l'ora di dire la sua.

Intervistai una donna che si trovava nel negozio quando tutto era iniziato. Descrisse la paura e il panico che avevano colpito tutti mentre il rapinatore, armato di pistola, li portava in una stanza sul retro. La sua voce tremava mentre raccontava come aveva pregato per la sua vita e quella dei suoi colleghi.

Parlai con un poliziotto che faceva parte della squadra che negoziava con il rapinatore. Mi spiegò il delicato equilibrio che la polizia doveva mantenere tra garantire la sicurezza degli ostaggi e arrestare il sospettato. Il suo comportamento calmo e misurato era rassicurante, ma potevo percepire la tensione nella sua voce.

Con il passare delle ore, la folla di curiosi cresceva. Le persone erano attratte dal dramma che si svolgeva davanti a loro, i loro volti illuminati dalle luci lampeggianti delle auto della polizia. Alcuni stavano incoraggiando gli ufficiali, mentre altri speculavano sui motivi del rapinatore e sul destino degli ostaggi.

Continuai a riferire sulla situazione, la voce che si faceva sempre più roca per il troppo parlare. Ero esausto, affamato e cominciavo a sentire gli effetti delle punture di zanzara, ma sapevo di non poter smettere. Quella era una storia che contava per la nostra comunità, ed ero determinato a seguirla fino alla fine.

Infine, dopo quella che sembrò un'eternità, tutto si concluse. Il rapinatore si arrese senza opporre resistenza e gli ostaggi furono rilasciati illesi. Un applauso scaturì dalla folla mentre la polizia conduceva via il rapinatore in manette.

Conclusi il mio rapporto, ringraziando gli ascoltatori per la loro pazienza ed esprimendo il mio sollievo che la situazione si fosse risolta senza spargimento di sangue. Solo in quel momento mi accorsi che il mio braccio era indolenzito per aver tenuto il ricevitore in mano troppo a lungo.

Tornai alla mia macchina, provando una miscela di stanchezza e adrenalina. Avevo appena assistito a un importante evento di cronaca che si svolgeva davanti ai miei occhi, e avevo svolto un piccolo ma importante ruolo nel tenere informati i nostri ascoltatori.

Mentre tornavo a casa, non potei fare a meno di sorridere. Non era stata la serata rilassante che avevo immaginato, ma era di certo una che non avrei mai dimenticato. E quella notte, mentre mi addormentavo, sognai cabine telefoniche, scanner della polizia e l'emozione di rincorrere la prossima grande storia.

Capitolo 9

Quasi rottura

Portare la mia ragazza, Sarah, alla convention annuale della National Association of Broadcasters (NAB) a Las Vegas mi era sembrata, all'inizio, un'idea geniale. Lei avrebbe potuto provare il fascino e il lusso di Sin City, mentre io avrei rivisto vecchi amici, fatto nuove connessioni e forse persino rimediato qualche gadget omaggio dagli espositori. Cosa poteva andare storto?

Molto, a quanto pareva.

Il primo segnale che qualcosa non andava arrivò al check-in dell'hotel. Sarah si era immaginata una lussuosa suite con vista sulla Strip, ma a causa di un errore nella prenotazione ci ritrovammo in una stanza minuscola con vista sul parcheggio. Non esattamente la fuga romantica che aveva immaginato.

Le cose peggiorarono ulteriormente alla convention. Mentre io ero impegnato a chiacchierare con colleghi del settore e a entusiasmarmi per le ultime novità tecnologiche nel mondo della radio, Sarah vagava annoiata tra gli stand, sempre più irritata.

"Perché mi hai portata qui se avevi intenzione di ignorarmi?" sbottò, la sua voce che superava il rumore della folla.

Provai a spiegarle che la NAB era un evento fondamentale per il mio lavoro e che dovevo sfruttare al massimo l'opportunità di fare networking. Ma Sarah non voleva sentire ragioni.

"Networking? Più che altro Nerd-working!" rispose, alzando gli occhi al cielo.

A peggiorare la situazione, continuavo a imbattermi in vecchie conoscenze e colleghi, tutti apparentemente più divertiti di Sarah. C'era la vivace conduttrice di un programma mattutino di Miami, il brillante commentatore sportivo di Chicago e persino la mia ex-ragazza, la sensuale conduttrice di telegiornale di New York.

Il colpo di grazia arrivò quando le presentai un mio vecchio amico, il famigerato shock jock noto per i suoi stunt radiofonici sopra le righe.

"Ah, quindi sei tu quello che ha tenuto Ed lontano da me," disse, il suo tono intriso di sarcasmo.

Lo shock jock, mai timido di fronte a una provocazione, sfoderò un sorriso malizioso. "Colpevole, tesoro. Ma posso farmi perdonare. Che ne dici di un giro di shot al bar?"

Prima che potessi intervenire, Sarah gli afferrò il braccio e lo trascinò via verso il bancone più vicino. Li guardai sparire tra la folla, mentre io rimanevo piantato lì, incredulo.

Per il resto della convention, fui intrappolato in un tiro alla fune tra i miei obblighi professionali e la mia vita personale. Cercai di fare pace con Sarah portandola a cene eleganti e spettacoli esclusivi, ma lei restava fredda e distante.

"Mi sento come se fossi solo un accessorio per la tua carriera," si lamentò. "Non ti importa davvero di me, vero?"

Tentai di rassicurarla che ci tenevo, ma nel profondo, sapevo che aveva ragione. Ero così concentrato sulle mie ambizioni che avevo trascurato completamente i suoi bisogni.

L'ultimo colpo arrivò la sera finale della convention. Eravamo a un esclusivo after-party, circondati da dirigenti del settore e celebrità. Sarah, splendida in un vestito rosso, stava finalmente iniziando a divertirsi. Ma poi, fui tirato da una parte da un gruppo di dirigenti radiofonici che volevano discutere di un potenziale accordo di sindacazione per il mio show.

Mi scusai con Sarah, promettendo metterci poco. Ma mentre la conversazione si prolungava, persi la cognizione del tempo.

Quando finalmente tornai alla festa, Sarah non si trovava da nessuna parte.

La cercai freneticamente nel locale, ma era sparita. La chiamai, ma scattò subito la segreteria. Iniziai a preoccuparmi.

Finalmente, la trovai seduta da sola a un tavolo del blackjack, con un drink in mano e l'aria profondamente infelice.

"Dov'eri?" chiese, la sua voce appena udibile.

Tentai di spiegarle l'incontro con i dirigenti, ma mi interruppe subito.

"Non voglio sentirne parlare," disse, con gli occhi pieni di lacrime. "Torno in hotel."

La vidi allontanarsi tra la folla e capii di aver commesso un grosso errore. Credevo che portarla alla NAB sarebbe stata un'esperienza divertente, ma l'avevo fatta sentire ignorata e poco importante.

Quando Sarah scomparve tra la folla con lo shock jock, un'ondata di emozioni contrastanti mi travolse. Una parte di me era sollevata di avere un momento per me stesso, per riorganizzarmi e pianificare la mia prossima mossa alla convention. Un'altra parte di me era preoccupata per Sarah, conoscendo la sua tendenza a lasciarsi andare dopo qualche drink. Ma soprattutto, ero semplicemente curioso. Di cosa stavano parlando? Stava cercando di scoprire dettagli sul mio passato o, peggio ancora, si stava davvero divertendo con lui?

Decisi di dar loro un po' di spazio e tornai alla sala espositiva, sperando di recuperare ciò che restava della mia reputazione professionale. Mentre vagavo tra gli stand, sentii un senso di colpa. Sarah aveva ragione: l'avevo trascurata, preso dall'eccitazione della convention e dall'emozione di riconnettermi con vecchi amici.

Qualche ora dopo, ricevetti un messaggio da Sarah: "Incontraci al karaoke tra 10 minuti. Sei il prossimo."

Gemetti. Il karaoke non era il mio forte, e l'idea di cantare davanti a una folla di sconosciuti, soprattutto dopo qualche drink, mi metteva i brividi. Ma sapevo che non potevo tirarmi indietro ora. Sarah non me l'avrebbe mai fatta passare liscia.

Quando arrivai al bar, trovai Sarah e lo shock jock già sul palco, intenti a cantare "Don't Stop Believin'" con un entusiasmo travolgente. La folla li incoraggiava, e persino il barista, notoriamente stoico, teneva il tempo battendo il piede.

Quando la loro canzone finì, Sarah mi vide e mi fece cenno di avvicinarmi. "Vieni su, Ed!" gridò, il viso acceso dall'emozione. "Tocca a te!"

A malincuore salii sul palco, il cuore che batteva forte nel petto. Lo shock jock mi passò il microfono e mi sussurrò: "Non preoccuparti, amico. Scegli una canzone che conosci e scatenati."

Scansionai l'elenco delle canzoni, i miei occhi si posarono su "Bohemian Rhapsody" dei Queen. Era una canzone impegnativa, ma conoscevo ogni parola a memoria. Feci un respiro profondo e iniziai a cantare.

All'inizio, la mia voce era tremante ed esitante, ma man mano che entravo nel ritmo, cominciai a sentirmi più sicuro. Presi le note alte, azzeccai le armonie e perfino improvvisai qualche mossa di air guitar. Il pubblico andò in visibilio e Sarah mi guardava raggiante.

Alla fine della canzone, ero sudato e senza voce, ma non mi ero mai sentito così vivo. Avevo superato la mia paura del karaoke, e l'avevo fatto davanti alla donna che amavo e a una stanza piena di sconosciuti.

Quando scesi dal palco, Sarah mi gettò le braccia al collo e mi baciò appassionatamente. "È stato incredibile!" esclamò. "Sapevo che ce l'avevi dentro."

Sorrisi timidamente. "Grazie," dissi. "Penso che avessi solo bisogno di un po' di coraggio liquido e di una spinta dallo shock jock."

Da quel momento in poi, la convention NAB assunse un significato completamente nuovo per me. Non era più solo networking e avanzamento di carriera. Si trattava di divertirsi, lasciarsi andare e condividere esperienze indimenticabili con le persone che contavano di più per me.

E per quanto riguardava Sarah e lo shock jock, divennero amici improbabili, legando sul loro amore condiviso per il karaoke e la loro capacità di tirare fuori il mio lato selvaggio. E ogni volta che ascoltiamo "Bohemian Rhapsody" alla radio, non possiamo fare a meno di ridere e ricordare la notte in cui ho quasi perso la voce, ma ho trovato il mio ritmo.

Giornalista Televisivo

CAPITOLO 10

NOTIZIE DELL'ULTIMA ORA

Era un tranquillo mercoledì pomeriggio alla stazione radio. Uno di quei pomeriggi in cui l'unico suono era il ronzio sommesso dell'aria condizionata e il ticchettio occasionale dell'orologio sulla parete. Ero l'unica anima rimasta nella redazione, gli altri erano andati fuori per una lunga pausa pranzo o per sbrigare commissioni. Stavo felicemente digitando una storia piuttosto banale su un concorso di mangiatori di torte locali quando improvvisamente, il telefono della redazione esplose in un suono acuto.

"Qui Ed Tyll con il notiziario del pomeriggio," risposi, cercando di sembrare professionale, anche se mi aspettavo fosse solo un venditore telefonico.

"Ed, grazie al cielo sei lì!" Era il direttore della stazione, la sua voce intrisa di panico. "Accendi la TV, canale 7, subito!"

Prima che potessi anche solo chiedere cosa stesse succedendo, riattaccò. Con un crescente senso di terrore, accesi il piccolo televisore nell'angolo della redazione. Lo schermo prese vita, rivelando una scena di caos totale. Un enorme terremoto aveva colpito il centro, facendo crollare edifici e scatenando il panico tra la gente in fuga.

Il cuore mi batteva forte nel petto mentre realizzavo la gravità della situazione. Questa era una grande notizia, e io ero l'unico giornalista disponibile per coprirla. L'adrenalina prese il sopravvento ed entrai in modalità automatica: afferrai il microfono e le cuffie e mi preparai a trasmettere.

"Signore e signori," annunciai, la mia voce tremante leggermente, "vi stiamo trasmettendo in diretta un'edizione straordinaria. Un forte terremoto ha appena colpito il centro città..."

Per le ore successive, fui una redazione intera racchiusa in una sola persona. Gestii telefonate di testimoni spaventati, monitorai la radio della polizia in cerca di aggiornamenti e scrissi febbrilmente bollettini di notizie, cercando di mantenere un filo logico tra il fiume di informazioni che mi arrivavano. Riuscii perfino a ottenere un'intervista telefonica in diretta con una donna rimasta intrappolata in un ascensore durante il terremoto. La sua voce era tremante, ma con coraggio raccontò la sua esperienza, dando un volto umano alla tragedia in corso.

Con il passare delle ore, la redazione si trasformò in un vortice di attività. I telefoni squillavano di continuo, la telescrivente sputava aggiornamenti, e io digitavo furiosamente sulla tastiera, cercando di stare al passo con il flusso continuo di notizie.

Eppure, nonostante il caos, provavo una scarica di adrenalina elettrizzante. Questo era ciò che avevo sempre sognato: essere al centro dell'azione, raccontando un grande evento di notizie mentre si svolgeva. Anche se stavo improvvisando, ero determinato a fare del mio meglio per informare gli ascoltatori.

Alla fine, quando il sole cominciava a tramontare, le conseguenze del terremoto divennero più chiare. I danni erano ingenti, ma fortunatamente, non ci furono segnalazioni di vittime. Quando l'adrenalina svanì, la stanchezza mi assalì. Riuscivo a malapena a tenere gli occhi aperti, ma sapevo che dovevo rimanere in onda fino all'arrivo della squadra del turno di notte.

Finalmente, intorno a mezzanotte, il mio sostituto entrò in redazione. Gli passai il microfono, gli feci un rapido riepilogo della situazione e uscii barcollando, sentendomi come se avessi appena corso una maratona.

Mentre guidavo verso casa, non potevo evitare di riflettere sugli eventi della giornata. Era stato un battesimo del fuoco, ma l'avevo superato, e l'avevo fatto da solo. Avevo dimostrato a me stesso, e ai miei colleghi, che potevo gestire anche le storie di notizie più difficili.

E quella notte, mentre mi addormentavo, sognai terremoti, notizie dell'ultima ora e l'emozione di essere il primo a raccontare la storia.

Ultime Notizie

CAPITOLO 11

IMBOSCATA IN ONDA

I primi giorni della mia carriera nella radio parlata furono un turbine di emozioni, notti insonni a base di caffeina e qualche inevitabile gaffe in diretta. Come produttore di "The Evening Review Show," ero responsabile della selezione degli ospiti, della scelta degli argomenti e, soprattutto, di assicurarmi che il conduttore non insultasse accidentalmente politici o celebrità di spicco. Era un lavoro ad alta pressione, ma adoravo ogni minuto.

Il nostro show era un mix unico di notizie, intrattenimento e commento culturale, e avevamo un seguito fedele di ascoltatori che si sintonizzavano ogni sera per sentire la nostra opinione sugli eventi del giorno. Parlavamo di tutto: politica, cronaca, gossip e le ultime tendenze del mondo dello spettacolo.

Poi, un giorno, il direttore della stazione decise di cambiare le carte in tavola. Annunciò che "The Evening Review Show" sarebbe stato trasformato in uno show di discorsi completamente dedicato allo sport, rivolto ai fan sportivi accaniti della città. Questo era un grande cambiamento rispetto al nostro formato consolidato, e nessuno di noi ne era particolarmente entusiasta.

Nonostante le nostre riserve, cercammo di fare del nostro meglio. Iniziammo a intervistare atleti locali, a dibattere sui pregi e difetti delle varie squadre e persino a tentare di imparare le regole del cricket (che, per la cronaca, è uno sport assurdo e incomprensibile).

Tuttavia, divenne rapidamente evidente che il nostro cuore non ci era dentro. I nostri tentativi di commento sportivo erano spesso goffi e impacciati, e i nostri ascoltatori non tardarono a farcelo notare. Gli ascolti crollarono, e il direttore della stazione era furioso.

La goccia che fece traboccare il vaso arrivò una sera, dopo una puntata particolarmente disastrosa in cui, per errore, ci riferimmo al Super Bowl chiamandolo "Superb Owl" (letteralmente "Grande Gufo"). Fummo tutti licenziati, con effetto immediato.

Scoraggiati e disoccupati, decidemmo di annegare i nostri dolori nel bar più vicino. Mentre eravamo seduti lì, sorseggiando le nostre birre e lamentandoci della fine di un'era, accadde una cosa strana. Cominciammo a ridere.

Ridemmo delle assurde sezioni sportive che eravamo stati costretti a fare, degli ospiti ridicoli che avevamo intervistato, e delle innumerevoli gaffe in onda che avevamo fatto. Ridemmo fino alle lacrime, fino a sentire male ai fianchi.

In quel momento, capii che, anche se il nostro show era stato cancellato, avevamo condiviso qualcosa di speciale. Eravamo stati una squadra, una famiglia, e avevamo creato qualcosa che, per un breve momento nel tempo, aveva portato gioia e risate ai nostri ascoltatori.

E così, alzammo i bicchieri e brindammo a "The Evening Review Show," ai ricordi che avevamo creato, e al futuro, qualunque cosa potesse riservare. Quando uscimmo dal bar quella sera, barcollando tra abbracci e risate, sapevo che, anche se non eravamo più in onda, lo spirito del nostro show sarebbe vissuto nei nostri cuori.

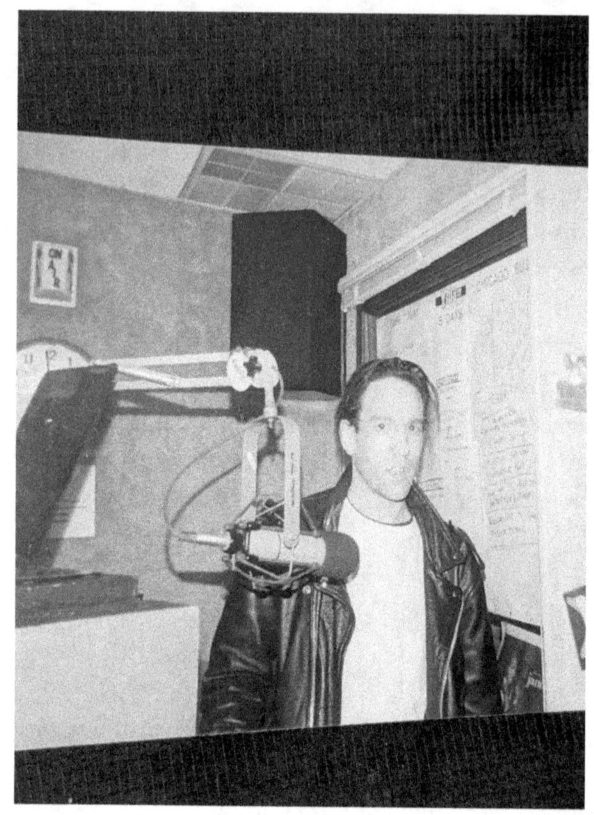

Parlatore Caldo

CAPITOLO 12

L'ASSISTENTE DI VOLO

L'inchiostro sul mio contratto con la leggendaria stazione radiofonica di Baltimora era ancora fresco quando decisi di festeggiare il mio grande traguardo con una serata fuori. Dopo aver fatto le valigie e detto addio al mio appartamento angusto di New York, salii su un volo per Charm City, il mio cuore che batteva con una miscela di eccitazione e trepidazione.

Come se il destino volesse darmi un segno, l'assistente di volo assegnata alla mia fila era una visione in blu: alta, slanciata, con un sorriso affascinante che poteva sciogliere il cuore anche del cinico più incallito. La sua targhetta diceva "Tiffany," e la sua simpatia, unita a un servizio impeccabile, trasformò un volo altrimenti banale in un'esperienza sorprendentemente piacevole.

Parlammo di tutto, dalle nostre destinazioni di viaggio preferite al nostro amore condiviso per la musica dal vivo. Quando l'aereo atterrò a Baltimora, ero completamente rapito da lei. E, a quanto pareva, il sentimento era reciproco.

"Allora, cosa ti porta a Baltimora?" mi chiese Tiffany mentre raccoglievo i miei effetti personali.

"Sto iniziando un nuovo lavoro come conduttore radio," risposi, cercando di sembrare disinvolto nonostante le farfalle che svolazzavano nel mio stomaco.

"Wow, è impressionante," disse, i suoi occhi si spalancarono con ammirazione. "Forse dovrò sintonizzarmi."

"Dovresti assolutamente farlo," replicai con un sorriso. "E se una sera sei libera, conosco un club in centro che merita davvero..."

Tiffany rise. "Bravo, Ed. Ma mi piace. Ecco il mio numero. Chiamami qualche volta."

Mentre scendevo dall'aereo e mi perdevo nel caos del terminal, non potevo fare a meno di sentirmi incredibilmente fortunato. Non solo avevo ottenuto il lavoro dei miei sogni, ma avevo anche incontrato una bellissima e intrigante donna che sembrava veramente interessata a me.

Quella sera, dopo essermi sistemato in hotel ed essermi rinfrescato, decisi di accettare l'invito di Tiffany. Composi il suo numero e, pochi minuti dopo, ci incontrammo in un locale alla moda che mi aveva consigliato.

La musica era alta, le luci lampeggiavano e la pista da ballo era affollata di corpi in movimento. Tiffany, avvolta in un vestito nero aderente che abbracciava le sue curve nei punti giusti, era un talento naturale sulla pista da ballo. Si muoveva con grazia e sicurezza, i suoi lunghi capelli ondeggiavano intorno a lei come un'aureola oscura.

Io, d'altra parte, ero un po' più goffo. I miei passi di danza assomigliavano più a quelli di una marionetta scoordinata che a quelli di un ballerino provetto. Ma a Tiffany non sembrava importare. Rideva dei miei goffi tentativi di tenerle il passo, e la sua energia contagiosa presto mi fece muovere e ballare senza freni.

Ballammo per ore, persi nella musica e nella compagnia l'uno dell'altra. Man mano che la notte avanzava, la chimica tra noi diventava sempre più palpabile. Condividevamo sguardi furtivi, battute sussurrate, e i nostri corpi si avvicinavano sempre di più.

Quando il club chiuse, eravamo entrambi senza fiato ed esaltati. Camminammo mano nella mano sotto il cielo stellato e ci scambiammo un bacio dolce e inebriante, proprio come i cocktail che avevamo bevuto.

Nei giorni che seguirono, io e Tiffany diventammo inseparabili.

Esplorammo insieme Baltimora, scoprendone i gioielli nascosti e il fascino stravagante. Mangiammo granchi nei ristoranti sul lungomare, tifammo per gli Orioles al Camden Yards e ballammo fino all'alba nei migliori club della città.

Quando si avvicinò il mio primo spettacolo, ero pieno di una nuova sensazione di fiducia. Sapevo che, per quanto potesse essere difficile quel nuovo inizio, con Tiffany al mio fianco avrei potuto affrontare qualsiasi cosa.

Così la mia nuova vita a Baltimora cominciò col botto. Avevo un lavoro da sogno, una fidanzata bellissima e una città piena di possibilità da esplorare. Era l'inizio di una straordinaria avventura, e non vedevo l'ora di scoprire dove mi avrebbe portato.

Ma nel mondo della radio, i cambiamenti erano sempre dietro l'angolo. Era tempo di riscatto del contratto.

Rapidamente il telefono squillò da Albany. 72 ore dopo stavo sistemando un appartamento a Menands, pronto a iniziare il mio nuovo spettacolo nel Distretto della Capitale. Il mio arrivo era sulla prima pagina della rivista locale.

Condurre lo spettacolo mattutino ad Albany, New York, significava essere alla stazione entro le 4 del mattino, un orario così disumano che persino i galli avrebbero protestato. Ma il brivido di essere la voce che svegliava la città, quel mix di informazione e umorismo per iniziare la loro giornata, valeva lo sforzo. Finché la famosa bufera di neve del '93 non decise di mettere alla prova la mia dedizione.

Iniziò innocentemente, qualche fiocco durante la mia cena tarda. Ma quando uscii, mi trovai in mezzo a una tempesta apocalittica. Le strade scomparivano sotto una coltre bianca e la mia fidata Pontiac Fiero faticava a restare in carreggiata.

A metà strada verso la stazione, accadde l'inevitabile. La mia auto sputacchiò, tossì e morì, lasciandomi bloccato su un tratto di autostrada deserta. Il vento ululava come una banshee, la neve si accumulava intorno alla mia auto, e potevo sentire il freddo insinuarsi nelle mie ossa.

Provai a chiamare la stazione, ma il mio telefono era tanto

morto quanto la mia auto. Considerai di camminare, ma la bufera era così fitta che riuscivo a malapena a vedere la mia mano davanti al viso. L'ipotermia stava iniziando a farsi sentire, e stavo seriamente pensando di costruire un pupazzo di neve e arricciarmi al suo interno per il calore.

Proprio quando pensavo di essere spacciato, un paio di fari apparvero attraverso la neve vorticosa. Era un camion a 18 ruote, un colosso di veicolo che sembrava poter sfondare un muro di mattoni. Il conducente, un uomo robusto con una folta barba e un sorriso accogliente, si fermò e mi offrì un passaggio.

Salii nella cabina, grato per il calore e la compagnia. Il camionista, che si chiamava Joe, mi offrì un thermos di caffè e un orecchio comprensivo. Raccontai la mia sventura, e lui rise di cuore.

"Non ti preoccupare, figliolo," disse con un forte accento newyorkese. "Ti porterò a quella tua stazione radio, anche se dovrò guidare questo carro attraverso un cumulo di neve alto quanto l'Empire State Building."

Fedele alla sua parola, Joe navigò le strade insidiose con l'abilità di un professionista esperto. Schivammo auto abbandonate, attraversammo cumuli di neve e avemmo anche un incontro ravvicinato con uno spazzaneve ribelle. Fu una corsa selvaggia, ma arrivammo alla stazione proprio in tempo per il mio spettacolo.

Entrai nello studio barcollando, ancora tremante e coperto di neve. La mia co-conduttrice mi guardò e scoppiò a ridere.

"Sembri un pupazzo di neve reduce da una guerra," disse.

Non me ne importava. Ero semplicemente grato di essere vivo e vegeto. Iniziai il mio show, la mia voce un po' roca per il freddo, ma il mio animo alto. Condivisi la mia esperienza terrificante con gli ascoltatori, e loro risposero con un'ondata di supporto e simpatia.

Il resto della mattina fu un vortice di aggiornamenti di notizie, rapporti meteorologici e chiamate da ascoltatori bloccati nella bufera. Ma nonostante tutto, sentivo un senso di cameratismo con il mio pubblico, un'esperienza condivisa che ci avvicinò l'uno all'altro.

Quando la neve smise finalmente di cadere, ero esausto ma esaltato. Sopravvissi a un'esperienza quasi mortale, arrivai al lavoro puntuale e riuscii perfino a intrattenere i miei ascoltatori nel processo. E imparai una lezione preziosa: mai sottovalutare il potere di una bufera di neve, di un buon samaritano e di una tazza di caffè caldo.

CAPITOLO 13

SAN VALENTINO

Trasferirsi a Pittsburgh per un salario migliore come presentatore radiofonico era un sogno che si avverava. Ma quando si avvicinò San Valentino, l'eccitazione per la nuova opportunità fu oscurata dal rimorso che provavo per aver trascurato la mia ragazza, Sarah.

Fare i bagagli era diventato un lavoro a tempo pieno, lasciando poco tempo per il romanticismo. Montagne di scatole riempivano il soggiorno, e gli unici suoni erano lo stropiccio della carta da imballaggio e i colpi sordi dei mobili spostati. Sarah, di solito vivace ed energica, era cupa e riservata, il suo sorriso sostituito da un broncio.

"Sento che sto solo guardando mentre te ne vai," disse una sera, la sua voce appena udibile.

Cercai di rassicurarla, dicendole che era solo un problema temporaneo, che ci saremmo sistemati a Pittsburgh in un attimo, e poi avremmo finalmente potuto iniziare a pianificare il nostro futuro insieme. Ma le mie parole suonavano vuote, persino alle mie stesse orecchie.

La mattina di San Valentino, mi svegliai nel silenzio assoluto. Sarah era sparita, e c'era un biglietto sul tavolo della cucina. Era un semplice biglietto, ma le parole mi colpirono profondamente: "Ho bisogno di qualcuno che sia presente per me, non solo quando gli fa comodo. Merito più di scatoloni e nastro adesivo."

Il mio cuore sprofondò. Avevo lasciato che la mia ambizione mi accecasse ai bisogni della donna che amavo. Ero stato così concentrato sulla mia carriera che l'avevo data per scontata.

Sapevo che dovevo sistemare le cose. Corsi all'aeroporto, sperando di prendere l'ultimo volo per Pittsburgh. Fortunatamente, c'era un posto disponibile. Quando l'aereo decollò, provai un misto di eccitazione e paura. Stavo andando in una nuova città, un nuovo lavoro, ma stavo lasciando la donna che amavo.

A Pittsburgh, mi sistemai nel mio nuovo appartamento, svuotai gli scatoloni, e iniziai il mio nuovo lavoro. Lo spettacolo ebbe successo, e guadagnavo più di quanto avessi mai fatto prima. Ma l'emozione del successo fu di breve durata. Le persone mi circondavano, ma mi sentivo solo.

Una notte, dopo una giornata particolarmente lunga, decisi di chiamare Sarah. Le aprii il mio cuore, le chiesi scusa per averla trascurata e le dissi quanto mi mancava.

Mi ascoltò pazientemente, poi disse: "So che sei occupato, Ed, ma ho bisogno che tu sia qui per me. Non posso più fare questa cosa a distanza."

Sapevo che aveva ragione. Non potevo vivere senza di lei. Così, presi una decisione. Lasciai il mio lavoro a Pittsburgh e tornai a New York. Trovai un nuovo impiego in una stazione radio locale e, per la prima volta, misi Sarah al primo posto.

Un anno dopo, ci siamo sposati. E ancora oggi siamo insieme. Abbiamo imparato una lezione preziosa a San Valentino: l'amore è più importante del denaro o della fama. E a volte, il modo migliore per dimostrare il tuo amore è esserci, non solo quando è conveniente, ma sempre.

CAPITOLO 14

REPORTER TELEVISIVO

La Maratona di Pittsburgh era un grande evento in città, e io, come reporter locale per la stazione televisiva, ero entusiasta di far parte dell'azione. Il mio incarico era intervistare i corridori mentre attraversavano il traguardo, catturando le loro emozioni e storie di trionfo.

Armato del mio microfono e di un taccuino, mi posizionai vicino al traguardo, fremendo per l'emozione. La prima atleta attraversò la linea, una giovane donna con un sorriso smagliante e un pugno trionfante. Mi avvicinai a lei, impaziente di ascoltare la sua storia.

"Congratulazioni!" esclamai. "Com'è andata la gara?"

La donna mi guardò, confusa. "Aspetta, chi sei?" chiese.

"Sono Ed, della Pittsburgh TV 6 News," risposi, sollevando il mio microfono. "Sono qui per intervistarti sulla tua corsa."

Il sorriso della donna si allargò. "Oh, wow! È così fantastico! Ho sempre sognato di finire in TV."

Solo che, invece di lasciarsi intervistare, iniziò lei a fare domande a me. Mi chiese del mio lavoro, della mia esperienza come reporter e perfino quale fosse il mio condimento preferito sulla pizza. Rimasi spiazzato, ma decisi di stare al gioco, divertito dalla piega inaspettata della situazione.

Quando altri corridori attraversarono il traguardo, accadde la stessa cosa. Invece di rispondere alle mie domande, erano loro a intervistare me. Volevano sapere della mia vita, dei miei hobby e dei miei pensieri sulla maratona. Mi ritrovai a essere l'intervistato, anziché l'intervistatore.

Alcune delle domande erano divertenti, alcune erano perspicaci e alcune erano decisamente bizzarre. Un corridore mi chiese se credessi negli alieni, mentre un altro voleva conoscere la mia opinione sul senso della vita. Risposi a ogni domanda con la massima onestà possibile, godendomi le conversazioni improvvisate con questi corridori pieni di entusiasmo.

Entro la fine della giornata, avevo intervistato dozzine di corridori, ma loro avevano intervistato me altrettanto. Imparai le loro routine di allenamento, le motivazioni che li spingevano a correre e le storie personali di chi aveva superato ostacoli enormi. E, sorprendentemente, grazie alle loro domande, imparai qualcosa di nuovo anche su me stesso.

Mentre lasciavo la linea del traguardo, mi resi conto che la Maratona di Pittsburgh era stata più di un semplice evento sportivo. Era stata un'esperienza umana, un'opportunità per connettersi con persone di ogni ceto sociale e condividere storie di trionfo e resilienza. E anche se non avevo realizzato l'intervista che avevo programmato, erano stati loro a intervistare me. Nel processo, avevo imparato una lezione preziosa: a volte, le storie migliori sono quelle non pianificate.

CAPITOLO 15

LA HOTLINE SQUILLA

La luce rossa sopra la porta dello studio brillava minacciosamente, segnalando che ero in diretta. Era nel bel mezzo di una puntata infuocata di "The Ed Tyll Show", impegnato in un acceso dibattito con un ascoltatore sui pro e i contro dell'ananas sulla pizza. Improvvisamente, il telefono della linea diretta lampeggiò, indicando una chiamata importante. Mi scusai con l'ascoltatore e risposi, preparandomi a una notizia dell'ultima ora o a un ascoltatore inferocito.

"Qui Ed Tyll," dissi, cercando di mantenere la calma, nonostante l'adrenalina mi scorresse nelle vene.

"Ed, ragazzo mio, come va?" una voce tuonò attraverso il ricevitore. Era una voce che riconobbi istantaneamente, l'inconfondibile baritono di Max Remington, il proprietario di una stazione radio rivale dall'altra parte della città.

"Max, che sorpresa," risposi, la mia mente correva veloce. Perché mi stava chiamando durante il mio show? Era una specie di scherzo?

"Ascolta, Ed," continuò Max, il tono diventando serio, "Ho ascoltato il tuo show, e sono impressionato. Hai un vero talento per connetterti con il tuo pubblico, e il tuo umorismo è azzeccato. Non voglio mentirti, stai dando alla mia stazione filo da torcere."

Non potei fare a meno di sorridere. I complimenti da un concorrente erano sempre benvenuti, anche se un po' inaspettati.

"Grazie, Max," dissi. "Apprezzo il complimento."

"Ma ecco il punto, Ed," aggiunse, abbassando la voce in un sussurro cospiratorio. "Non voglio più competere con te. Voglio che tu sia nella mia squadra."

Il mio cuore saltò un battito. Mi stava offrendo un lavoro?

"Che cosa mi stai proponendo, Max?" chiesi, cercando di mantenere la voce ferma.

"Ti offro un contratto per condurre uno show radiofonico all'ora di pranzo presso la mia stazione," disse Max. "E sono disposto a raddoppiare il tuo stipendio attuale."

Rimasi a bocca aperta. Il doppio del mio stipendio? Per condurre uno show ad Atlanta, una delle capitali mediatiche del Sud? Era un'offerta che non potevo rifiutare.

Ma poi, la realtà si fece avanti. A Pittsburgh avevo un pubblico fedele, una routine consolidata e una ragazza che non sarebbe stata entusiasta di trasferirsi in una nuova città.

"Max, è una proposta importante," dissi, la mia voce piena di esitazione. "Ho bisogno di pensarci."

"Certo, Ed," rispose Max, il suo tono comprensivo. "Ma non prenderti troppo tempo. Questa offerta non sarà sul tavolo per sempre."

Riattaccai, con la mente in subbuglio. Il resto del mio show fu un disastro: andai avanti in automatico, distratto dal pensiero dell'offerta di Max.

Dopo lo show, tornai a casa e raccontai a Sarah dell'offerta. All'inizio era titubante, ma dopo una lunga discussione decidemmo di fare il grande salto. Preparammo le valigie, salutammo Pittsburgh e partimmo alla volta di Atlanta.

Il mio nuovo show fu un successo. Il pubblico di Atlanta abbracciò il mio umorismo e la mia arguzia, e gli ascolti crebbero vertiginosamente. Stavo vivendo il mio sogno, conducendo uno show radiofonico di successo in una città vibrante, con la donna che amavo al mio fianco.

E ogni volta che penso a quella fatidica chiamata di Max Remington, non posso fare a meno di sorridere. Fu un momento che cambiò la mia vita per sempre, un promemoria che, a volte, le migliori opportunità arrivano quando meno te lo aspetti.

Stella Nascente

CAPITOLO 16

IL RAGAZZO YANKEE

Sbarcando dall'aereo ad Atlanta, il caldo e l'umidità mi colpirono come un muro. Era ben lontano dagli inverni freddi di New York, ma ero pronto per un cambiamento. Ero lì per conquistare la fascia oraria del pranzo in una delle stazioni radio più importanti della città, e volevo lasciare il segno.

Il mio primo giorno alla stazione fu un vortice di presentazioni, burocrazia e gergo tecnico. Il personale era cordiale, ma potevo percepire un pizzico di scetticismo sotto la loro ospitalità meridionale. Dopotutto, ero uno Yankee, un outsider, arrivato a sconvolgere il loro equilibrio.

Mentre entravo nello studio per il mio primo show, il direttore del programma, un uomo gioviale con un forte accento, mi diede una pacca sulla schiena. "Benvenuto ad Atlanta, figliolo. Siamo entusiasti di averti qui. Ma un avviso, ci piacciono i nostri conduttori radiofonici con un po' di fascino meridionale."

Sorrisi. "Non preoccuparti, porterò il fascino. E l'energia. E magari qualche battuta sugli Yankee, giusto per tenere viva la conversazione."

Il direttore del programma ridacchiò. "Vedremo, Yankee. Vedremo."

Il momento in cui la luce "On Air" si accese, partii di corsa. Mi presentai agli ascoltatori, feci qualche battuta sul tempo (fa caldo, gente), e lanciai il mio primo argomento: i posti migliori dove mangiare barbecue ad Atlanta.

Le linee telefoniche esplosero all'istante. Gli ascoltatori erano ansiosi di condividere i loro ristoranti barbecue preferiti, le loro ricette segrete e le loro opinioni sul modo corretto di cucinare le costolette. Ero nel mio elemento, interagendo con il pubblico, facendo battute, e mantenendo la conversazione fluida.

Ma man mano che lo show andava avanti, notai un dettaglio ricorrente nei commenti degli ascoltatori. Continuavano a riferirsi a me come "lo Yankee", con un misto di divertimento e perplessità. Alcuni mi prendevano bonariamente in giro per il mio modo di parlare veloce e per l'uso di parole come "fantastico" e "incredibile", tipiche del Nord.

All'inizio ero un po' sorpreso. Mi stavano prendendo in giro? Il mio accento e il mio stile diretto erano troppo per il pubblico più rilassato del Sud?

Ma poi capii che le prese in giro erano di buon cuore. Gli ascoltatori non stavano criticando il mio essere un outsider, lo stavano semplicemente riconoscendo con ironia e simpatia. Infatti, più mi prendevano in giro, più sembravano accogliermi.

Entro la fine dello show, ero stato ufficialmente soprannominato "lo Yankee con il dono della parlantina". Era un soprannome che mi rimase, e lo portai con orgoglio. Avevo trovato il mio posto nel panorama radiofonico di Atlanta, e mi stavo godendo ogni singolo minuto.

Nel corso delle settimane successive, il mio show divenne un appuntamento fisso durante il pranzo per gli ascoltatori di Atlanta. Trattavo una vasta gamma di argomenti, dalle notizie locali e politica alla cultura pop e consigli sulle relazioni. Iniziai persino un segmento settimanale chiamato "Yankee vs. Ribelle", dove discutevo le tradizioni e i costumi meridionali con un co-conduttore locale.

Lo show fu un successo, e diventai rapidamente una figura amata nella comunità di Atlanta. Imparai ad apprezzare il ritmo più lento della vita, la deliziosa cucina meridionale, e la calda ospitalità della gente. E anche se non persi mai il mio accento da Yankee né il mio stile energico, riuscii ad adattarmi alla nuova realtà, aggiungendo un pizzico di fascino del Sud alla mia personalità on-air.

Alla fine, trasferirmi ad Atlanta fu la migliore decisione che abbia mai preso. Trovai una nuova casa, un nuovo pubblico, e un nuovo apprezzamento per il modo di vivere meridionale. E anche se per tutti rimarrò sempre "lo Yankee", sono orgoglioso di far parte della famiglia radiofonica di Atlanta.

CAPITOLO 17

LO SCIOCCANTE

L'aroma del caffè appena fatto riempì la mia cucina mentre dispiegavo il giornale del mattino, un rituale che apprezzavo quasi quanto il mio primo sorso di caffeina. Ma quella mattina era diversa. Dalla prima pagina, una foto di me mi fissava, accompagnata da un titolo che mi fece strabuzzare gli occhi: "Lo Scioccante Ed Tyll: È Lui il Futuro della Radiofonia?"

Il mio cuore batteva forte nel petto mentre leggevo l'articolo, travolto da un misto di entusiasmo e incredulità. Il giornalista aveva catturato la mia essenza perfettamente, descrivendo il mio stile di conduzione "oltraggiosamente esilarante", la mia "prontezza di spirito e lingua tagliente", e la mia "incredibile capacità di entrare in sintonia con gli ascoltatori a livello personale".

Nel pezzo c'era anche un excursus sulla mia carriera: dai miei umili inizi nelle radio comunitarie, alla scalata delle emittenti locali, fino al recente trasferimento in una delle principali stazioni di talk radio di Atlanta. L'articolo dipingeva l'immagine di un giovane emittente ambizioso, senza paura di rompere gli schemi e sfidare il conformismo.

Ma fu il paragrafo finale a far scorrere davvero un brivido lungo la mia schiena. Il giornalista suggeriva che rappresentavo "il futuro della radio in America", un'affermazione audace che mi lusingava e mi terrorizzava allo stesso tempo.

Mentre terminavo di leggere l'articolo, un'ondata di emozioni mi travolse. Ero orgoglioso di ciò che avevo realizzato, grato per il riconoscimento ed entusiasta delle possibilità che si prospettavano. Ma ero anche acutamente consapevole della pressione che accompagnava tale lode. Sarei stato all'altezza delle aspettative? Sarei riuscito a mantenere il mio stile unico e a continuare a conquistare il pubblico?

Il resto della giornata fu un susseguirsi di telefonate, e-mail e messaggi di congratulazioni. I miei colleghi in stazione erano in fermento di eccitazione, e il mio capo mi diede persino un aumento. Ma nel mezzo dei festeggiamenti, non riuscivo a scrollarmi di dosso la sensazione di essere a un bivio.

Sapevo che quell'articolo avrebbe potuto cambiare per sempre la mia carriera, aprendo porte che mai avrei osato sognare. Ma significava anche essere sotto i riflettori, con ogni mia parola e ogni mia azione analizzata, sezionata e giudicata da critici e fan.

Mentre ero seduto in studio quel pomeriggio, preparandomi per il mio spettacolo, feci un respiro profondo e mi ricordai del motivo per cui avevo intrapreso la carriera radiofonica. Non era per la fama. Non era per il riconoscimento. Si trattava di connettersi con le persone, condividere storie e farle ridere. Si trattava di essere me stesso, anche se a volte questo significava scioccare il pubblico.

Indossai le cuffie, sistemai il microfono e sorrisi. La spia "On Air" lampeggiò, e io ero pronto a partire. Iniziai il mio spettacolo con rinnovata energia, la voce carica della stessa passione e dello stesso umorismo che mi avevano fatto guadagnare il soprannome di "Lo Scioccante Ed Tyll".

Le chiamate iniziarono ad arrivare a raffica, gli ascoltatori erano coinvolti, il loro entusiasmo contagioso. Sapevo allora che non avevo nulla da temere. Ero pronto ad abbracciare il futuro della radio parlata, a continuare a spingere i confini e a far ridere le persone, uno spettacolo incredibilmente divertente alla volta.

Lo Scioccante

CAPITOLO 18

L'AUTORE OSTINATO

Era una giornata particolarmente frustrante su "The Ed Tyll Show". Il mio ospite per il pomeriggio era un rinomato autore, noto per le sue opinioni controverse e la sua personalità enigmatica. Avevo grandi speranze per una discussione vivace e stimolante, ma dal momento in cui andò in onda, era chiaro che aveva altri piani.

Non importava quale domanda gli ponessi, lui schivava, deviava e si perdeva in digressioni. Parlava in vaghe generalità, offriva risposte criptiche e persino citava filosofi oscuri. Era come cercare di inchiodare la gelatina a un muro.

La mia frustrazione cresceva con ogni minuto che passava. Gli ascoltatori erano impazienti, i telefoni erano silenziosi e la tensione nello studio era palpabile. Provai tutto quello che mi veniva in mente per coinvolgerlo, dall'umorismo ai complimenti, fino alla provocazione pura e semplice. Ma nulla funzionava.

Alla fine, dopo quella che sembrava un'eternità di discorsi senza senso e giri di parole, persi la pazienza.

"Ascolti," dissi, la mia voce che si alzava per l'esasperazione, "sto cercando di avere una conversazione interessante, ma lei non mi sta dando niente su cui lavorare. È come parlare con un muro. No, anzi, è come parlare con Braccio di Ferro."

Ci fu un momento di silenzio sbalordito dall'altro capo della linea. Poi, la voce dell'autore, fredda e tagliente, arrivò attraverso gli altoparlanti.

"Mi scusi, cosa ha detto?" disse, chiaramente offeso.

"Ha sentito bene," ribattei. "Lei è comunicativo quanto un personaggio dei cartoni animati. Almeno Braccio di Ferro mi darebbe una risposta diretta, anche se fosse solo 'Sono quel che sono'."

L'autore sbuffò. "Capisco. Bene, signor Tyll, se questo è quello che pensa, forse dovremmo concludere questa intervista."

E con ciò, riagganciò.

Il segnale di linea interrotta riecheggiò nello studio come un tuono, lasciando un silenzio assordante. Ero seduto lì, sbigottito e senza parole. Non mi era mai capitato che un ospite mi riattaccasse in faccia in diretta.

I telefoni si accesero immediatamente. Le chiamate arrivavano a raffica: alcuni mi attaccavano, scandalizzati dal mio comportamento, altri mi difendevano, dicendo che avevo fatto bene a smascherare un ospite così ostinato. I social media erano in fermento con commenti e opinioni, e l'hashtag #Popeyegate era di tendenza a livello nazionale.

L'incidente divenne un argomento di discussione per giorni, con altri conduttori radiofonici che pesavano sull'etica delle confrontazioni in diretta. Alcuni mi lodavano per aver affrontato un ospite difficile, mentre altri mi criticavano per essere stato poco professionale e irrispettoso.

Alla fine, la controversia servì solo ad aumentare gli ascolti del mio spettacolo. Gli ascoltatori si sintonizzavano per vedere cosa avrei detto dopo, desiderosi di più dramma e intrattenimento. E anche se mi dispiaceva aver perso le staffe, non potei fare a meno di sentire una sensazione di soddisfazione per aver mantenuto la mia posizione.

La lezione che imparai quel giorno fu preziosa: mai sottovalutare il potere di un riferimento a un personaggio dei cartoni animati. E mai escludere la possibilità che un ospite ti attacchi il telefono in faccia. Soprattutto se lo paragoni a Braccio di Ferro.

CAPITOLO 19

L'Uomo del Meteo

L'opportunità per un buon scherzo si presentò durante il mio spettacolo radiofonico pomeridiano. Il mio ospite era il meteorologo della TV locale, un uomo noto per la sua serietà e professionalità. Decisi di divertirmi un po' con lui, facendogli una serie di domande sempre più assurde sul meteo.

"Allora, Mark," iniziai, "cosa puoi dirci sulla tempesta in arrivo?"

Mark, da vero professionista, iniziò una spiegazione dettagliata del percorso previsto della tempesta, delle velocità del vento e del potenziale impatto. Ascoltai pazientemente, aspettando il mio momento per attaccare.

"Interessante," dissi, fingendo serietà. "Ma che effetto avrà la tempesta, per esempio, sulle rotte migratorie degli scoiattoli?"

Mark sgranò gli occhi, visibilmente confuso. "Beh, non sono sicuro degli scoiattoli in particolare, ma ci si aspetta che la tempesta causi notevoli disagi alla fauna selvatica in generale."

"E per quanto riguarda l'impatto sul prezzo, diciamo, delle banane?" continuai, spingendomi oltre.

Mark ridacchiò nervosamente. "Non credo che la tempesta avrà un impatto diretto sui prezzi delle banane, ma potrebbe potenzialmente interrompere le catene di approvvigionamento, causando qualche oscillazione nei prezzi."

"E che mi dici delle possibilità che la tempesta causi, diciamo, un'apocalisse zombie?" chiesi, totalmente impegnato nella farsa.

Questa volta Mark scoppiò a ridere. "Adesso stai esagerando, Ed. Non esiste alcuna prova scientifica che una tempesta possa causare un'apocalisse zombie."

"Ma non puoi nemmeno escluderlo con certezza, giusto?" insistetti, godendomi il suo disagio.

Mark sospirò. "Senti, sono qui per parlare del meteo, non di scenari ipotetici che coinvolgono scoiattoli, banane e zombie."

"Ma il meteo è pieno di sorprese, Mark," dissi, la mia voce gocciolante di falsa serietà. "Chissà quali strani ed inaspettati eventi potrebbe portare?"

Il resto dell'intervista fu un mix esilarante tra analisi meteorologiche rigorose e le mie domande sempre più assurde. Mark fu un vero professionista, mantenendo la calma pur rendendosi conto che lo stavo prendendo in giro.

Quella sera, mentre guardavo il telegiornale locale, Mark apparve per il suo consueto bollettino meteo. Iniziò con le solite previsioni, poi si fermò e guardò direttamente nella telecamera.

"E a Ed Tyll, che oggi mi ha posto una serie di domande molto sciocche sul meteo," disse Mark con un sorriso, "voglio solo dire, stai tranquillo, non ci sarà alcuna apocalisse zombie causata da questa tempesta. Ma non posso dire lo stesso per il prezzo delle banane."

Il pubblico rise e non potei fare a meno di sorridere. Il mio scherzo era stato un successo, e aveva portato un po' di leggerezza al serio argomento del meteo.

Il giorno successivo, il mio telefono era in fermento con chiamate e messaggi da ascoltatori che avevano apprezzato lo scherzo. Anche Mark mi chiamò, ridendo e ringraziandomi per averlo fatto ridere.

Quel giorno, ho imparato che un po' di umorismo può fare molto, anche nei contesti più seri. E ho anche imparato che non si può mai sottovalutare il potere di un buon scherzo, soprattutto quando il bersaglio è un meteorologo fin troppo serio.

61

Capitolo 20

Posti Sugli Spalti

Salire all'ambita posizione di Direttore del Programma fu il coronamento di un sogno, una testimonianza di anni di duro lavoro, dedizione e innumerevoli ore trascorse a perfezionare il mio mestiere. Ma con grande potere veniva una grande responsabilità, e una visione. La mia visione? Rivoluzionare il modo in cui la radio talk veniva vissuta, per creare un ambiente immersivo e interattivo dove il pubblico non solo ascoltasse, ma partecipasse attivamente allo show. E così nacque l'idea dello studio con gli spalti.

Il concetto era semplice ma audace: costruire uno studio all'avanguardia con posti a sedere per un pubblico dal vivo. Gli ascoltatori avrebbero potuto assistere al programma di persona, interagire con me e con gli ospiti, e persino prendere la parola in diretta. Era una mossa audace, un allontanamento dagli studi radiofonici tradizionali e isolati, ma ero convinto che avrebbe cambiato le regole del gioco.

I lavori iniziarono, e l'entusiasmo era alle stelle. Lo studio fu progettato per assomigliare a un'arena sportiva in miniatura, completo di un palco centrale per me e gli ospiti, file di comodi spalti per il pubblico e un grande schermo che mostrava i numeri per chiamare e i feed dei social media.

L'inaugurazione fu una serata indimenticabile. Lo studio era gremito di ascoltatori entusiasti, l'atmosfera elettrizzante dall'aspettativa. Quando entrai in scena, il pubblico esplose in un boato di applausi. Era un concerto rock che incontrava una riunione cittadina, e io ero il direttore di questa sinfonia di voci.

Lo show fu un turbinio di energia e spontaneità. Risposi a domande dal pubblico, intervistai ospiti sul palco, e persino invogliai alcuni coraggiosi a prendere il microfono e parlare in diretta. Gli spalti erano vivi di risate, applausi e qualche fischio occasionale.

Un momento particolarmente memorabile coinvolse un acceso dibattito tra due membri del pubblico sull'esistenza di Bigfoot. La discussione divenne così appassionata che dovetti intervenire e fare da mediatore, suggerendo infine di votare tra tutto il pubblico. Il risultato fu un sonoro "sì" a favore di Bigfoot, con grande delizia del credente e disappunto dello scettico.

Lo studio con gli spalti divenne presto un successo, attirando folle da tutta la città. Gli ascoltatori adoravano l'opportunità di far parte dello show, interagire con me e gli ospiti, e sentirsi parte di una comunità. Gli indici di ascolto aumentarono e la stazione divenne un fenomeno locale.

Naturalmente, ci furono delle sfide. Gestire un pubblico dal vivo durante la trasmissione richiedeva un delicato equilibrio tra controllo e spontaneità. Ci furono guasti tecnici, ospiti indisciplinati e l'occasionale disturbatore che dovette essere accompagnato fuori dalla sicurezza. Ma, nel complesso, l'esperimento fu un successo travolgente.

Rivoluzionò il modo in cui la radio talk era vissuta, creando un ambiente dinamico e coinvolgente che avvicinava gli ascoltatori all'azione. E per me, fu un sogno che si avverava, un'opportunità di connettermi con il mio pubblico a un livello più profondo e condividere le risate, i dibattiti e l'occasionale assurdità della vita con un pubblico dal vivo.

CAPITOLO 21

MARDI GRAS

Ottenere un nuovo lavoro alla radio parlata a New Orleans era un sogno che si avverava, specialmente con il tempismo che coincideva perfettamente con la celebrazione più iconica della città: il Mardi Gras. L'energia, la musica, i colori vivaci, era un sovraccarico sensoriale nel miglior modo possibile. E come conduttore dello spettacolo pomeridiano, avevo un posto in prima fila alla follia.

La stazione radio si trovava proprio su Bourbon Street, il cuore del quartiere francese e l'epicentro dei festeggiamenti del Mardi Gras. Il nostro studio aveva una grande finestra che dava sulla strada, permettendo ai passanti di vederci in azione. E, infatti, ci vedevano in azione.

Dal momento in cui il mio spettacolo iniziò, le folle all'esterno erano impazzite. Premettero i loro volti contro il vetro, salutando, acclamando e gridando il mio nome. Perline, dobloni e anche l'occasionale noce di cocco volavano nell'aria, atterrando in un mucchio colorato sul pavimento dello studio.

Ma il vero colpo di scena era la lingerie. Reggiseni di tutte le forme, dimensioni e colori venivano lanciati verso la finestra, con le loro proprietarie che speravano di attirare la mia attenzione. Era uno spettacolo da vedere, una testimonianza dello spirito disinibito del Mardi Gras.

Cercai di mantenere la mia compostezza, ma era difficile con un costante attacco di perline e reggiseni che mi sfioravano la testa. La mia co-conduttrice, una navigata nativa di New Orleans, era imperturbabile, ridendo e prendendo al volo gli oggetti che volavano con facilità.

"Benvenuto al Mardi Gras, Ed," disse con un sorriso. "Questo è solo l'inizio."

E aveva ragione. Col passare della giornata, le folle diventavano sempre più grandi e festose. La musica delle bande di strada diventava più forte e il profumo di cibi fritti e birra sparsa riempiva l'aria.

Abbracciai il caos, integrandolo nel mio spettacolo. Intervistai chiamanti che festeggiavano nelle strade, suonato giochi a tema Mardi Gras e persino cercato di prendere qualche perlina io stesso (con vari gradi di successo).

A un certo punto, un gruppo di festaioli fuori iniziò a gridare il mio nome, chiedendo che mi unissi a loro nei festeggiamenti. Esitai, ma la mia co-conduttrice mi diede un leggero spintone.

"Vai, Ed," disse. "È Mardi Gras. Vivi un po'.

Così, lo feci. Uscii dallo studio e mi immersi nella folla di persone, con un microfono in una mano e una stringa di perline nell'altra. La folla impazzì, acclamandomi e coprendomi di perline e baci.

Per l'ora successiva, ero parte della parata. Ballai con estranei, cantato con le bande e persino prendendo al volo alcuni reggiseni (che ho prontamente restituito alle loro proprietarie). Fu un'esperienza surreale e indimenticabile, un vero battesimo attraverso le perline.

Quando finalmente tornai in studio, ero esausto ma euforico. Non mi ero mai sentito così vivo, così connesso a una città e al suo popolo. E sapevo di aver trovato la mia casa a New Orleans.

Il resto del mio tempo alla stazione fu riempito da momenti altrettanto selvaggi ed esilaranti. Intervistai musicisti, chef e persino una sacerdotessa voodoo. Coprii storie di cronaca locale, parlai di argomenti controversi e mantenni sempre il pubblico divertito.

Ma fu il primo Mardi Gras che non dimenticherò mai. Fu il

giorno in cui diventai veramente parte di New Orleans, il giorno in cui imparai ad abbracciare lo spirito unico della città e a lasciare che i buoni tempi scorressero.

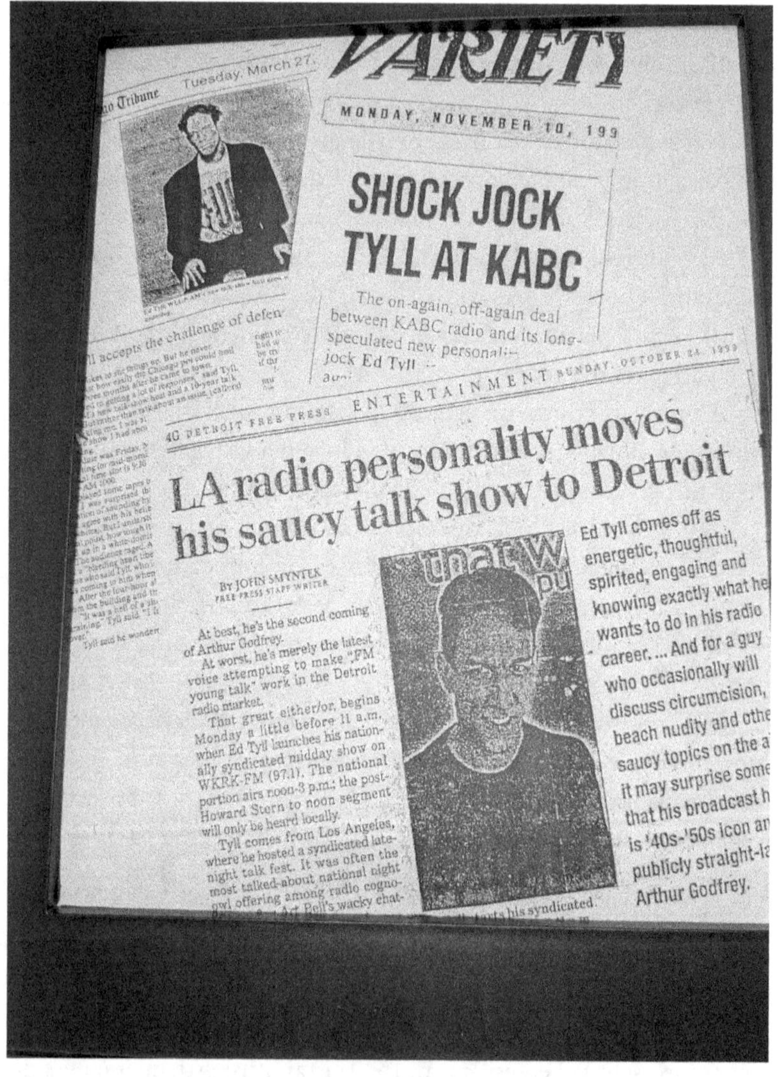

Spettacolo Impertinente

CAPITOLO 22

AMORE IN PAUSA PRANZO

I telefoni squillavano all'impazzata durante il mio programma radiofonico, "The Ed Tyll Show", mentre gli ascoltatori chiamavano ansiosi per condividere i loro momenti più imbarazzanti. Era un segmento che chiamavamo "Racconti di Umiliazione", e non deludeva mai: storie cringe, assurde, ma sempre esilaranti. Ma una particolare chiamata quel giorno aveva superato il limite, un racconto così scandaloso e assurdo da diventare immediatamente un classico.

Il chiamante, un uomo di nome Dave, raccontò una recente avventura che si era trasformata in uno spettacolo pubblico. Dave, un uomo sposato con lo sguardo fin troppo curioso, aveva una relazione clandestina con una collega. I loro incontri segreti avvenivano sempre durante la pausa pranzo, nel parcheggio isolato di un parco vicino.

Un pomeriggio fatale, Dave e la sua amante stavano godendo un incontro particolarmente appassionato nella sua auto. Le cose si stavano surriscaldando, ed erano così presi dalle loro attività che non si accorsero di una leggera pendenza nello spazio di parcheggio.

Quando la loro passione raggiunse il culmine, l'auto di Dave, senza che se ne accorgessero, iniziò a muoversi lentamente verso un albero vicino. La coppia, ignara del disastro imminente, continuò le sue attività amorose, i loro gemiti e risatine coprivano il suono del movimento dell'auto.

Improvvisamente, con un botto che fece tremare le ossa, l'auto si fermò bruscamente. L'impatto risvegliò Dave e la sua collega dalla loro nebbia appassionata. Si guardarono intorno, cercando di capire cosa fosse successo.

Fu allora che realizzarono, con orrore, che l'auto era andata a sbattere contro un albero, intrappolandoli entrambi all'interno. Le porte erano bloccate, i finestrini parzialmente aperti, e si trovarono in una posizione compromettente, i vestiti in disordine.

Peggio ancora, un gruppo di jogger aveva assistito all'intero incidente. Erano lì vicino, bocche aperte, occhi sbarrati dallo shock e dal divertimento.

Dave e la sua collega erano mortificati. Cercarono di coprirsi con qualsiasi cosa potessero trovare, ma era troppo tardi. I jogger avevano già tirato fuori i loro telefoni e stavano scattando foto e video della scena.

Nel giro di pochi minuti, arrivarono la polizia e i vigili del fuoco. I pompieri utilizzarono le cesoie per aprire le portiere. Dave e la sua amante furono tirati fuori dal veicolo, i loro volti rossi dalla vergogna.

La storia si diffuse rapidamente alla cronaca locale, completa di foto sfocate e racconti di testimoni oculari. Dave e la sua collega divennero argomento di discussione cittadino, i loro nomi per sempre associati al famigerato "Amore in Pausa Pranzo".

Quando Dave finì la sua storia, lo studio si riempì di risate fragorose. Gli ascoltatori continuavano a chiamare, condividendo i propri momenti imbarazzanti e alternando solidarietà e battute a raffica.

Non potei fare a meno di provare un pizzico di compassione per Dave. Sebbene le sue azioni fossero certamente discutibili, l'umiliazione pubblica che aveva subito era già una punizione più che sufficiente. Tuttavia, la storia era semplicemente troppo divertente per essere ignorata, un perfetto esempio degli imprevedibili colpi di scena della vita.

"Amore in Pausa Pranzo" divenne una leggenda su "The Ed Tyll

Show", un promemoria importante di controllare sempre il freno a mano e di essere consapevoli dell'ambiente circostante, anche nei momenti di passione. E servì anche come testimonianza del potere dell'umorismo, della capacità di trovare la risata anche nelle situazioni più imbarazzanti e assurde.

Show", un promemoria importante di controllare sempre il freno a mano e di essere consapevoli dell'ambiente circostante, anche nei momenti di passione. E servì anche come testimonianza del potere dell'umorismo, della capacità di trovare la risata anche nelle situazioni più imbarazzanti e assurde.

CAPITOLO 23

CHICAGO, CHICAGO

L'energia vibrante di New Orleans, con la sua vivace scena musicale e l'allettante richiamo del Mardi Gras, era stata la mia casa per anni. Come conduttore radiofonico, mi ero ritagliato una nicchia, intrattenendo gli ascoltatori con il mio umorismo tagliente, opinioni controverse e qualche scherzo in diretta. Ma quando arrivò una chiamata da una leggendaria stazione radio di Chicago, con un'offerta difficile da rifiutare, capii che ero a un bivio.

L'offerta era allettante, a dir poco. Un significativo aumento di stipendio, un pubblico più vasto e l'occasione di lavorare a fianco di alcuni dei nomi più importanti del settore. Ma lasciare New Orleans, la città che mi aveva accolto e il mio stile di radio, era difficile da accettare.

I dirigenti della radio di Chicago, però, non erano disposti ad accettare un no. Mi portarono su per un fine settimana di piaceri e trattamenti di lusso, determinati a farmi innamorare della città e della loro offerta. La mia prima notte nella Città del Vento, fui portato via in una steakhouse raffinata, dove fui trattato come un re. Il direttore generale, un uomo carismatico con una voce potente, mi raccontò la storia gloriosa della stazione, i suoi conduttori leggendari e la sua missione di spingersi sempre oltre i limiti della radio parlata.

Il giorno dopo, visitai la stazione, una struttura all'avanguardia che era ben lontana dallo studio angusto e obsoleto a cui ero abituato a New Orleans. La sala di controllo era un miracolo tecnologico, gli studi in diretta erano spaziosi e confortevoli, e il personale era animato da energia ed entusiasmo.

Quella sera, fui portato a una partita dei Cubs a Wrigley Field, dove vissi l'atmosfera elettrica di uno stadio gremito e l'emozione di un home run risolutivo. Il direttore generale, seduto accanto a me, si avvicinò e disse: "Immagina di condurre il tuo programma in una città appassionata di sport, di idee, di vita. Immagina le possibilità."

Alla fine del fine settimana, ero conquistato. La combinazione di prestigio della stazione, l'energia vibrante della città e la promessa di una nuova sfida erano troppo per resistere. Accettai la loro offerta, e nel giro di poche settimane, stavo facendo le valigie e dicendo addio a New Orleans.

Il trasferimento a Chicago fu un vortice. Dovetti adattarmi a una nuova città, a un nuovo pubblico e a un nuovo stile di radio. Gli ascoltatori erano più esigenti, più coinvolti politicamente, più diretti e senza peli sulla lingua rispetto a quelli di New Orleans. Ma accettai la sfida e adattai il mio stile al ritmo unico della città.

Il mio programma divenne rapidamente un successo, grazie alla mia intelligenza pronta, alla mia disponibilità a affrontare argomenti controversi e alla mia capacità di connettermi personalmente con gli ascoltatori. Intervistai politici, celebrità e persone comuni con storie affascinanti da raccontare. Affrontai temi scottanti, accesi dibattiti e discussioni senza filtri. E, come sempre, tenni alta l'attenzione del pubblico con il mio humor irriverente.

E anche se mi mancavano il calore e il fascino di New Orleans, trovai una nuova casa a Chicago. La città mi accolse, e io abbracciai il suo spirito unico. Diventai un habitué delle partite dei Cubs, un intenditore di pizza alta e un fan sfegatato della vivace scena musicale della città.

Ripensando a quel fatidico fine settimana a Chicago, mi rendo conto che è stato un punto di svolta nella mia carriera. È stato il momento in cui sono uscito dalla mia zona di comfort e sono entrato nelle grandi leghe della radio parlata. E anche se porterò sempre New Orleans nel cuore, sarò sempre grato per quel fine settimana in cui mi hanno conquistato a suon di bistecche, baseball e sogni più grandi. Perché Chicago mi ha messo alla prova, mi ha ispirato e, alla fine, mi ha reso il conduttore che sono oggi.

Buon Ascoltatore

CAPITOLO 24

DIETRO LE QUINTE

Il freddo di una notte del Ringraziamento a Chicago era lo sfondo perfetto per uno spettacolo di rock 'n' roll. Avevo ottenuto i biglietti per vedere la mia band preferita, i leggendari "Rock Gods", e stavo portando la mia nuova ragazza, Emily, a un appuntamento che non avrebbe mai dimenticato.

Emily, una donna vivace e avventurosa con una passione per la musica, era al settimo cielo mentre ci facevamo strada tra la folla verso l'arena gremita. Nell'aria si respirava elettricità, il pubblico fremeva per l'attesa. Quando le luci si abbassarono e le prime note rimbombarono nello stadio, fummo travolti dalla potenza cruda della musica.

La band era in fiamme, la loro esibizione un'affascinante miscela di virtuosismo e spettacolarità. Il cantante solista, una figura carismatica con una voce che poteva sciogliere l'acciaio, dominava il palco con una presenza sia elettrizzante che affascinante. Emily ed io eravamo persi nel momento, cantando, ballando e scambiandoci sguardi furtivi.

Dopo il bis, un membro della troupe della band, che mi aveva riconosciuto dalla mia trasmissione radiofonica, si avvicinò a noi. Ci offrì i pass per il backstage, un invito che accettammo con entusiasmo.

Il backstage era un vortice di attività, con i roadies che smontavano l'attrezzatura, i membri della band che chiacchieravano con amici e familiari e il profumo persistente di sudore e adrenalina. Fummo condotti in una lounge privata, dove la band si stava rilassando dopo la loro esibizione.

Il cantante solista, ancora carico di energia rock 'n' roll, ci accolse con calore. Mi fece i complimenti per il mio programma, manifestò la sua ammirazione per l'energia contagiosa di Emily e poi, con nostra grande sorpresa, ci invitò a unirci a lui e alla band per la cena del Ringraziamento.

"C'è un famoso ristorante qui vicino che aprirà apposta per noi," disse con un sorriso. "È una tradizione che abbiamo dopo ogni spettacolo del Ringraziamento. Vi va di unirvi a noi?"

Eravamo senza parole. Una cena con i Rock Gods? La sera del Ringraziamento? Era un sogno che diventava realtà.

Arrivammo al ristorante, un locale raffinato e poco illuminato, noto per servire l'élite della città. La band, vestita in abiti casual e incredibilmente alla mano, ci accolse come vecchi amici.

La cena fu un turbine di risate, storie e cibo delizioso. Parlammo di musica, vita e di tutto il resto. I membri della band raccontarono aneddoti esilaranti dei loro giorni in tour, e noi condividemmo storie delle nostre esperienze nell'industria dell'intrattenimento.

Ero incantato, ma Emily era nel suo elemento. Con la sua intelligenza e il suo spirito brillante, conquistò la band all'istante. Era perfettamente a suo agio in quella situazione surreale. La guardai con orgoglio, mentre chiacchierava e rideva con le rockstar come se fosse sempre stata una di loro.

Quando la notte stava giungendo al termine, il cantante solista alzò un bicchiere in nostro onore. "A Ed ed Emily," disse, "due delle persone più cool che abbiamo incontrato da molto tempo. Grazie per essere stati con noi questa sera."

Li ringraziammo per la loro ospitalità, ancora inebriati dall'esperienza. Mentre uscivamo dal ristorante, camminando nella fredda notte di Chicago, Emily mi guardò con un sorriso che illuminava tutta la città.

"Il miglior Ringraziamento di sempre," disse, con gli occhi che brillavano.

Non potevo essere più d'accordo. Era una notte che non avremmo mai dimenticato, un mix magico di musica, romanticismo e incontri inaspettati con le leggende del rock 'n' roll. E mentre camminavamo mano nella mano per le strade di Chicago, sapevo che questo era solo l'inizio della nostra avventura insieme.

Sul Posto

CAPITOLO 25

BIGLIETTI OMAGGIO

Essere un conduttore radiofonico a Chicago aveva i suoi vantaggi, e uno dei più belli era ricevere biglietti omaggio per eventi esclusivi. Un giorno, un paio di biglietti apparvero sulla mia scrivania: posti in prima fila per Paul McCartney al Soldier Field. Era un sogno che si avverava per ogni amante della musica, e conoscevo la persona perfetta con cui condividere quella esperienza: la mia nuova ragazza, Emily.

Emily, con la sua risata contagiosa e la passione condivisa per la musica, era la compagna perfetta per un'occasione così speciale. La chiamai subito, con la voce carica di eccitazione, e le chiesi di venire con me al concerto. Urlò di gioia, e segnammo con impazienza la data sui nostri calendari.

Ma come spesso accadeva, un altro paio di biglietti fece la sua comparsa sulla mia scrivania: pass VIP per Janet Jackson al New World Theater. E la sorpresa? Entrambi i concerti erano la stessa sera.

La maggior parte delle persone si sarebbe accontentata di uno dei due eventi. Ma io, ottimista ambizioso, vidi un'opportunità per un'avventura musicale davvero epica.

Chiamai di nuovo Emily, questa volta con una leggera esitazione nella voce. "Cosa ne pensi di una doppietta?" chiesi, trattenendo una risata nervosa.

Lei esitò, poi scoppiò a ridere. "Una doppietta? Intendi, tipo, due concerti in una sera?"

"Esattamente," risposi. "Paul McCartney e Janet Jackson, uno dopo l'altro. Sarà una notte che non dimenticheremo mai."

Emily, sempre pronta per un'avventura, accettò senza esitazioni. Il piano era semplice: vedere prima il concerto di Paul McCartney, poi correre dall'altra parte della città per assistere a quello di Janet Jackson. Era una sfida logistica, ma eravamo determinati a farcela.

La sera dei concerti arrivò, ed eravamo diretti al Soldier Field, vestiti di tutto punto e frizzanti di aspettativa. La performance di Paul McCartney era tutto ciò che avevamo sperato e anche di più. Suonò tutti i classici, catturando la folla con le sue melodie senza tempo e la sua presenza scenica. Cantammo, ballammo e ci godemmo ogni secondo.

Quando le note finali di "Hey Jude" svanirono nell'aria, ci allontanammo con riluttanza dal concerto e iniziammo a correre verso l'uscita. Fermammo un taxi al volo e l'autista ci guardò incredulo mentre spiegavamo il nostro piano.

"Due concerti in una notte?" chiese, scuotendo la testa. "Voi ragazzi siete pazzi."

Ridemmo e lo implorammo di guidare più velocemente. Arrivammo al New World Theater proprio mentre Janet Jackson stava salendo sul palco. Ci precipitammo ai nostri posti, senza fiato ma elettrizzati.

La performance di Janet era uno spettacolo ad alta energia, pieno di coreografie elaborate, costumi abbaglianti e ritmi coinvolgenti. Ci scatenammo, cantammo a squarciagola, ci lasciammo trasportare dal ritmo. E quando partì "Black Cat", la mia canzone preferita, fu il momento perfetto.

Quando la notte giunse al termine, uscimmo dal teatro, esausti ma euforici. Avevamo realizzato l'impossibile, assistendo a due concerti iconici in una sola notte. Era un tributo al nostro amore condiviso per la musica, al nostro spirito avventuriero e alla nostra volontà di abbracciare l'inaspettato.

E mentre camminavamo mano nella mano per le tranquille strade di Chicago, le luci della città brillavano sopra di noi, sapevo che questa era una notte che avremmo custodito per sempre. Era un promemoria che la vita è piena di sorprese e che, a volte, le esperienze più memorabili sono quelle che accadono spontaneamente.

Realizzazione di Spot Pubblicitari

CAPITOLO 26

L'HOTEL PIÙ COOL

Il vento gelido fischiava per le strade di Chicago, sollevando la neve in un turbine mentre scendevo dal taxi. Era una bufera epocale, il tipo che ti facevano mettere in discussione le tue scelte di vita mentre lottavi per mantenere l'equilibrio sul marciapiede ghiacciato. Ma non ero scoraggiato, la mia eccitazione superava il disagio. Ero finalmente a Chicago, la città dalle larghe spalle, della pizza alta e della radio parlata leggendaria.

La mia destinazione era il Chicago House, un monumento storico sulla Magnificent Mile. Appena entrai nella grande hall, adornata da candelabri di cristallo e mobili di velluto lussuosi, provai un senso di meraviglia. Quello era un posto dove le leggende avevano camminato, dove la storia era stata fatta.

Facendo il check-in, non potei fare a meno di confessare la mia sfrenata passione per i Rolling Stones che durava da una vita. La receptionist, una donna amichevole con un sorriso complice, mi informò che mi era stata assegnata una suite molto speciale.

"Sei fortunato," disse. "Ti abbiamo messo nella Suite dei Rolling Stones."

Il mio cuore saltò un battito. "La Suite dei Rolling Stones?" ripetei, a malapena in grado di contenere la mia eccitazione.

"Sì," confermò. "È la stessa suite in cui la band ha soggiornato durante la loro prima visita a Chicago nel 1964."

Rimasi senza parole. Io, un fan sfegatato degli Stones, avrei dormito nella loro suite? Era oltre ogni mia più folle fantasia. Ringraziai la receptionist con un entusiasmo quasi imbarazzante e mi precipitai in ascensore.

La suite era tutto ciò che avevo immaginato e anche di più. Era spaziosa ed elegante, con un fascino vintage che mi catapultò indietro nel tempo. Le pareti erano adornate con foto incorniciate della band, i loro volti giovanili che irradiavano l'energia e lo spirito ribelle che avrebbe segnato un'intera generazione.

Esplorai la suite, immaginando Mick Jagger che si pavoneggiava nel soggiorno, Keith Richards che pizzicava la sua chitarra sul balcone e il resto della band che si concedeva lo stile di vita rock 'n' roll. Sembrava quasi di sentire ancora le loro risate, le loro voci, le note delle loro canzoni riecheggiare tra quelle pareti.

Quella notte, mi addormentai nello stesso letto in cui aveva dormito Mick Jagger, sognando notti folli, stadi pieni e l'intramontabile fascino del rock 'n' roll.

La mattina successiva, mi svegliai sentendomi io stesso una rockstar. Camminai lungo la Magnificent Mile, la neve che ancora cadeva ma il mio spirito era alto. Avevo un nuovo lavoro, una nuova città e una ritrovata connessione con i miei idoli musicali.

Mentre iniziavo la mia nuova vita a Chicago, spesso ripensavo a quella notte nevosa al Chicago House. Era un promemoria che i sogni possono diventare realtà, anche nei modi più inaspettati. Ed era una testimonianza del potere della musica, la capacità di connettere le persone attraverso le generazioni e ispirarle a vivere la vita al massimo.

CAPITOLO 27

CAMBIO DI FORMAT

La notizia fu come un pugno nello stomaco. La mia amata stazione radiofonica di talk show, la mia casa di Chicago del "The Ed Tyll Show," stava diventando tutta sport, lasciandomi con i miei ascoltatori nella polvere. Fu un colpo devastante, un segno dei tempi che cambiavano e della popolarità in declino della radio tradizionale di talk show.

Ma in mezzo alla disperazione, emerse un barlume di speranza. Una stazione rock locale nei sobborghi, "Rockin' 95.5," stava ampliando il palinsesto e cercava la voce giusta per il loro primo show talk radio. Era un'offerta inaspettata, una possibilità di reinventarmi e raggiungere un nuovo pubblico.

Accettai la sfida, ansioso di dimostrare che la mia voce aveva ancora un posto nel panorama radiofonico. Ci misi cuore e anima per creare il programma, scegliendo il nome "Ed's Rockin' Rant" per riflettere la sua miscela unica di musica rock dura e conversazione provocatoria.

Il primo episodio fu un'esperienza stressante. Ero abituato al comfort familiare del mio vecchio studio, i fedeli ascoltatori che conoscevano ogni mia peculiarità e abitudine. Ma questo era un nuovo mondo, un nuovo pubblico, e dovevo trovare il mio equilibrio.

Ma man mano che lo show procedeva, mi trovai a entrare nel ritmo. Parlavo di musica, politica, vita e tutto il resto, la mia voce infusa con la stessa passione e umorismo che avevano catturato i miei ascoltatori per anni.

La risposta fu travolgente. I fan del rock abbracciarono il mio programma, apprezzando la mia conoscenza della musica e la mia volontà di affrontare argomenti controversi con un atteggiamento rock 'n' roll. Gli ascolti della stazione decollarono, e "Ed's Rockin' Rant" divenne rapidamente un favorito locale.

Un giorno, ricevetti una chiamata da un giornalista di "Suburban Rock," una popolare rivista locale. Volevano scrivere un articolo su di me, sul "pioniere della talk radio rock 'n' roll" che aveva avuto il coraggio di sfidare lo status quo.

L'intervista fu un spasso. Parlammo della mia carriera, del mio amore per la musica e della mia visione per il futuro della talk radio. Il giornalista rimase colpito dalla mia passione e dalla mia schiettezza, e l'articolo che ne uscì fu un vero trionfo.

"Ed Tyll," dichiarava l'articolo, "è una ventata di aria fresca in un mondo di talk radio stantii. È una rock star con un microfono, ed è qui per restare."

Leggendo quelle parole, non potei fare a meno di sorridere. La transizione dalla talk radio alla radio rock era stato un azzardo, ma aveva dato frutti in modi che non avrei mai potuto immaginare. Avevo trovato una nuova casa, un nuovo pubblico e una nuova piattaforma per condividere la mia voce e la mia passione.

E mentre guardavo fuori dalla finestra del mio studio, le luci che brillavano in lontananza, sapevo che questo era solo l'inizio. La rivoluzione rock 'n' roll era iniziata, ed io ne ero il leader senza paura.

CAPITOLO 28

IL RICHIAMO DEL SOLE

Il sole della Florida batteva forte sulle strade fiancheggiate dalle palme di Orlando mentre uscivo dall'aeroporto, un senso di eccitazione e anticipazione bollente dentro di me. Mi era stata appena offerta un'opportunità irripetibile: unirmi al lancio di una nuova stazione radiofonica di talk e condurre il mio programma diurno.

La stazione stava facendo scalpore nel settore, vantando strutture all'avanguardia, una lista di talenti di prim'ordine e una visione audace per il futuro della talk radio. Puntavano a creare una stazione che fosse informativa, divertente e, soprattutto, profondamente legata alla Florida.

Il mio programma, opportunamente intitolato "The Ed Tyll Show", era programmato per seguire il più grande programma mattutino del mercato, un conduttore di successo con acuto spirito e battute coinvolgenti. La pressione era alta per realizzare un programma altrettanto affascinante, ma con il mio distintivo stile di umorismo e irriverenza.

Passai settimane pianificando meticolosamente il format, elaborando argomenti e organizzando ospiti. Volevo creare un programma che riflettesse la mia personalità, un viaggio selvaggio e imprevedibile che tenesse gli ascoltatori sul filo del rasoio.

Il giorno del lancio arrivò ed ero un fascio di nervi. Non avevo mai condotto un programma in un ambiente così ad alta pressione, e il pensiero di seguire il colosso della mattina era scoraggiante. Ma mentre entravo nello studio, accolto dai volti sorridenti dei miei produttori e dall'attrezzatura all'avanguardia, un'ondata di fiducia mi travolse.

Nel momento in cui si accese la luce "On Air", mi misi al lavoro. Iniziai con il mio monologo di apertura, un mix di eventi attuali, commenti di cultura pop e umorismo autoironico. I telefoni si accesero subito, e gli ascoltatori erano agganciati.

Il mio programma era un vortice di energia e spontaneità. Intervistai ospiti eccentrici, dibattei argomenti controversi e mi imbarcai in esilaranti rimostranze in diretta. Un giorno sfidai un ascoltatore a una battaglia di karaoke dal vivo, le nostre voci echeggiavano nello studio mentre cantavamo inni rock classici. Un'altra volta, ospitai un segmento "Florida Man", dove gli ascoltatori chiamavano per condividere i loro incontri più assurdi con gli infami residenti dello stato.

Il pubblico lo adorava. Abbracciarono il mio umorismo, la mia irriverenza e la mia disponibilità a superare i limiti della tradizionale talk radio. Gli ascolti volarono, e "The Ed Tyll Show" diventò un appuntamento fisso della pausa pranzo in tutta la Florida.

Con la crescita della popolarità del programma, anche il mio profilo nella comunità crebbe. Fui invitato a condurre eventi di beneficenza, apparire in programmi televisivi locali e persino a giudicare un concorso di bikini (un vantaggio di cui certamente non mi lamentai).

Ma la vera ricompensa fu la connessione che sentii con i miei ascoltatori. Diventarono come una famiglia, condividendo le loro storie, le loro opinioni e le loro risate con me ogni giorno. Avevo trovato la mia tribù, e loro avevano trovato la loro in me.

Il successo del programma "The Ed Tyll Show" fu una testimonianza del potere della radio guidata dalla personalità. In un mondo di contenuti preconfezionati e format ripetitivi, il mio programma si distingueva come una voce unica e autentica. Era un promemoria che la radio, al suo meglio, è una conversazione, una connessione tra un conduttore e i suoi ascoltatori.

Guardando fuori dalla finestra dello studio, mentre il sole tramontava sull'oceano, non potei fare a meno di sentire un senso di gratitudine. Mi era stata data la possibilità di fare ciò che amavo, di far ridere le persone e di far parte di qualcosa di veramente speciale. Il sole della Florida aveva davvero illuminato la mia carriera, e io mi godevo ogni raggio di quel sole splendente.

Benvenuto Dipinto Sul Corpo

CAPITOLO 29

INAUGURAZIONE

L'eccitazione crepitava nell'aria come elettricità mentre mi preparavo per la mia prima promozione di talk radio dal vivo, una notte di musica, caos e drink gratuiti nel locale più esclusivo di Orlando. Il mio programma, "The Ed Tyll Show," era già un successo in radio, conquistando gli ascoltatori con il mio umorismo irriverente, i commenti pungenti e la mia naturale predisposizione a mettermi nei guai. Ma quella notte, avrei alzato la posta.

All'arrivo al club, l'energia era palpabile. La fila si snodava intorno al blocco, piena di ascoltatori impazienti di festeggiare con il loro conduttore radiofonico preferito. L'interno del locale era un'esplosione di colori e suoni, con luci lampeggianti, bassi che facevano vibrare il pavimento, un pubblico impaziente di dare il via alla serata.

Il mio entourage, uno stravagante gruppo di amici e colleghi della radio, era pronto a scatenarsi. Eravamo armati di microfoni, un sistema audio portatile e una scorta apparentemente infinita di energia. Quando salii sul palco, la folla esplose in acclamazioni, le loro voci echeggiavano attraverso il club.

Il mio programma fu un vortice di interviste dal vivo, giochi improvvisati e coinvolgimento del pubblico. Parlai di tutto, dagli eventi attuali alla cultura pop ai migliori posti dove trovare una cure per il post-sbornia a Orlando. Il pubblico lo adorava, appeso ad ogni parola e rispondendo con risate e applausi.

Il momento culminante della serata fu un'esibizione dal vivo di una band locale, la loro musica scosse il club dalle fondamenta, trasformandolo in un mare di corpi sudati e pura euforia. Mi unii persino a loro sul palco per qualche canzone. Non avevo alcun talento musicale, ma il mio imbarazzo rese tutto ancora più esilarante.

Continuando la notte, la festa si spostò dal club alle strade di Orlando. Il mio entourage ed io saltavamo da un bar all'altro, ognuno una nuova avventura. Ballavamo con estranei, cantavamo karaoke e ci impegnavamo persino in un amichevole (e leggermente ubriaco) dibattito con un gruppo di studenti universitari sul significato della vita.

Quando il sole sorse sulla città, eravamo esausti ma esaltati. Avevamo creato una notte di ricordi che sarebbero durati una vita, una testimonianza del potere della radio dal vivo e dell'energia contagiosa di una buona festa.

Il giorno successivo, i notiziari locali erano in fermento con la storia della mia notte selvaggia. I titoli urlavano "Conduttore radiofonico organizza una festa epica," "Ed Tyll prende Orlando d'assalto," e "La notte in cui la città non ha dormito." La promozione fu un trionfo assoluto. E confermò la mia reputazione come il conduttore più imprevedibile e divertente della Florida.

Seduto nel mio studio, ripensai alla notte precedente e non potei fare a meno di sorridere. Avevo rischiato, ero uscito dalla mia zona di comfort e avevo trasformato una serata qualunque in un evento epico. Ma soprattutto, avevo creato un legame più profondo con i miei ascoltatori, dimostrando che la radio non è solo una voce che esce da un altoparlante. È una scintilla capace di creare connessioni, risate e ricordi indimenticabili.

E per quanto riguarda l'entourage, beh, diciamo solo che stavano già chiedendo quando sarebbe stata la prossima promozione dal vivo. Dopotutto, era stato un lancio straordinario.

Newsmaker

CAPITOLO 30

IL CONDUTTORE BUNGEE JUMPING

Il sole picchiava forte su International Drive, il cuore pulsante del turismo a Orlando, mentre mi preparavo per una diretta radiofonica senza precedenti. Il mio show, noto per le sue trovate spontanee e spesso assurde, quella volta sarebbe andato in onda da una piattaforma per il bungee jumping, un paradiso per gli amanti dell'adrenalina.

I miei produttori avevano accolto l'idea con un misto di eccitazione e trepidazione. Da un lato, era un sicuro aumento degli ascolti, uno spettacolo che avrebbe tenuto gli ascoltatori incollati e che avrebbe fatto parlare tutti per settimane. Dall'altro lato, c'era la leggera possibilità che io, il conduttore, precipitassi verso la mia rovina in diretta radio. Ma ehi, che cos'era la vita senza un po' di rischio, giusto?

Salendo sulla piattaforma, il cuore mi batteva all'impazzata. Non avevo mai fatto bungee jumping prima e la vista del terreno che si avvicinava rapidamente era più che un po' inquietante. Ma mi dipinsi un sorriso sul volto, presi un respiro profondo e iniziai il mio show.

"Benvenuti a 'The Ed Tyll Show', in diretta dal confine tra coraggio e follia!" gridai al microfono, la mia voce appena udibile sopra le urla dei bungee jumpers e gli applausi della folla sottostante.

Lo show era un mix caotico di interviste, musica e, natural-mente, bungee jumping. Intervistai chi stava per saltare, osservando sul loro volto quel misto di paura ed eccitazione. Intervistai persino una coppia appena fidanzata, che aveva deciso di fare il grande salto come simbolo della loro futura vita insieme.

Ma il vero punto culminante della giornata arrivò quando decisi di lanciarmi anch'io. Mi allacciai l'imbracatura, le gambe che trema-vano in modo incontrollabile, e mi avvicinai al bordo. La folla sotto-stante ruggì di incoraggiamento, i loro applausi un mix di genuino supporto e morbosa curiosità.

Feci un respiro profondo, chiusi gli occhi e saltai nel vuoto.

La sensazione era indescrivibile. Era una scarica di pura adrena-lina, una caduta libera nell'ignoto. Urlai, risi, mi sentii più vivo che mai. E poi, proprio come era iniziato, tutto finì in un istante. La corda mi catapultò nuovamente verso l'alto, e rimasi sospeso a testa in giù, i miei capelli un caos, i miei vestiti sgualciti, ma il mio spirito in volo.

La folla scoppiò in un applauso fragoroso. Avevo affrontato la mia paura, conquistato il bungee jump, e, soprattutto, ero ancora vivo per raccontarlo.

Il resto della giornata fu un turbinio di bungee jumps, interviste e risate. Saltai con gli ascoltatori, con i miei produttori e persino con alcune anime coraggiose che non avevano mai fatto bungee jumping prima. Fu una giornata di esperienze condivise, di confini superati, di ricordi destinati a durare per sempre.

Quando il sole tramontò su International Drive, guardai indietro alla giornata con un senso di realizzazione. Non solo avevo condotto uno show radiofonico di successo, ma avevo anche scon-fitto una mia paura e regalato ai miei ascoltatori un'esperienza radio-fonica unica nel suo genere.

Quella sera, mentre guidavo verso casa ancora carico di adrena-lina, sentii dentro di me una certezza assoluta. Era solo l'inizio. Il mondo era pieno di avventure in attesa di essere vissute, e io ero pronto ad affrontarle tutte, un bungee jump alla volta.

CAPITOLO 31

LANCIO DEL PRIMO LANCIO

La giornata era iniziata come qualsiasi altra per un conduttore di talk radio esperto: una sveglia all'alba, una tazza di caffè forte e il familiare brusio dello studio mentre mi preparavo per il mio show mattutino. Ma quella non era una giornata qualunque. Quel giorno, stavo scambiando il mio microfono per una palla da baseball, il mio studio per un elicottero e i miei ascoltatori per uno stadio pieno di fan esultanti.

La squadra locale di baseball delle leghe minori aveva escogitato uno spettacolare trucco promozionale: volevano che io, la più famosa personalità radiofonica della città, atterrassi su un campo da baseball a bordo di un elicottero e lanciassi il primo lancio. Era un'idea pazzesca, ma perfettamente in linea con la mia inclinazione per l'imprevisto e l'oltraggioso.

Mentre salivo sull'elicottero, un misto di adrenalina e nervosismo mi pervadeva. Non ero mai stato su un elicottero prima, figuriamoci atterrare su un campo da baseball davanti a migliaia di persone. Ma ero determinato a rendere l'evento memorabile.

Il pilota, un veterano esperto con un sorriso malizioso, mi fece un cenno di approvazione mentre decollavamo. La città si estendeva sotto di noi, un mosaico di edifici, strade e palme baciata dalla luce dorata del sole del mattino.

Man mano che ci avvicinavamo allo stadio, la folla ruggiva di attesa. Potevo vedere i giocatori che si riscaldavano sul campo, la squadra di manutenzione che si prendeva cura del diamante con meticolosità e la mascotte, un pellicano gigante con uno sguardo malizioso negli occhi, che salutava i fan.

Il pilota manovrò abilmente l'elicottero verso la zona di atterraggio designata, le pale che rullavano rumorosamente mentre scendevamo. Gli applausi della folla aumentavano, un forte ruggito che copriva anche il suono del motore.

Con un tonfo delicato, l'elicottero atterrò sul campo. Il pilota spense il motore, e la folla esplose in applausi. Scesi dall'elicottero, il mio cuore che batteva nel petto, la mano che stringeva saldamente la palla da baseball.

Fui accompagnato sul monte del lanciatore, dove il ricevitore, un uomo robusto con baffi folti, mi aspettava. Mi fece un cenno rassicurante, e presi posizione.

Mi caricai e, dentro di me, canalizzai tutto lo spirito di Nolan Ryan. Lanciai la palla con tutta la mia determinazione. Volò attraverso l'aria, un perfetto strike diretto verso il guantone del ricevitore. La folla trattenne il respiro, l'attesa cresceva.

Con uno schiocco soddisfacente, la palla atterrò nel guantone del ricevitore. La folla esplose in applausi, le loro voci rieccheggiavano attraverso lo stadio. Ce l'avevo fatta. Avevo lanciato uno strike, un pitch perfetto di cui si sarebbe parlato per anni a venire.

Mentre lasciavo il campo, i giocatori e gli allenatori mi fecero i complimenti, i loro sorrisi genuini e la loro ammirazione evidente. Non solo avevo intrattenuto il pubblico, ma avevo anche guadagnato il rispetto della squadra.

Il resto della partita fu un turbinio di eccitazione, mentre la squadra affrontava i suoi rivali in una partita mozzafiato. Ma il punto culminante della giornata, per me e per i fan, fu quel primo lancio. Era un momento di pura magia, una testimonianza del potere della spontaneità e dell'emozione dell'imprevisto.

E mentre lasciavo lo stadio quella notte, gli applausi della folla ancora rieccheggiavano nelle mie orecchie, sapevo di aver creato un ricordo che sarebbe durato una vita. Era un promemoria che la vita è un'avventura, e che a volte, i momenti più memorabili sono quelli che accadono quando meno te lo aspetti.

CAPITOLO 32

CROCIERA PER INCONTRI

Il sole scintillava sulle acque turchesi dei Caraibi mentre salivo a bordo della lussuosa nave da crociera, iniziando un viaggio che prometteva romanticismo, avventura e una possibilità di trovare l'amore in alto mare. Ma questa non era una crociera qualunque; era la "Ed Tyll Show Dating Cruise", un evento unico che avevo creato per i miei ascoltatori single, offrendo loro l'opportunità di socializzare, divertirsi e, magari, incontrare l'anima gemella.

La nave era un rifugio per single, brulicante di eccitazione e attesa. I passeggeri erano un mix eterogeneo di personalità, tutti uniti dal desiderio di amore e avventura. Come conduttore del programma, sentivo la responsabilità di creare un ambiente in cui tutti si sentissero a proprio agio e avessero l'opportunità di connettersi.

La crociera era piena di attività progettate per favorire il romanticismo e la connessione. C'erano sessioni di speed dating, cocktail party, serate di ballo a tema e persino una caccia al tesoro della "love boat" che mandava le coppie in un'avventura giocosa intorno alla nave.

Ma il momento clou della crociera era senza dubbio il concorso "Un appuntamento con Ed". Avevo offerto di portare una fortunata ascoltatrice a un appuntamento romantico, e la competizione era

95

serrata. Le iscrizioni arrivavano a fiumi, piene di storie commoventi, aneddoti spiritosi e dichiarazioni d'amore.

Dopo un'attenta selezione, scelsi Emily, una donna affascinante e intelligente con un sorriso accattivante e un luccichio negli occhi. Iniziammo un'avventura vorticosa, esplorando le isole pittoresche, indulgendo in pasti deliziosi e godendo di conversazioni intime sotto il cielo stellato.

Il nostro appuntamento fu un successo clamoroso. Ridemmo, parlammo e scoprimmo una connessione che andava oltre l'attrazione iniziale. Mentre ballavamo tutta la notte sotto la palla da discoteca, mi resi conto di aver trovato qualcosa di speciale in Emily.

La crociera finì troppo presto, ma i ricordi di quei giorni sarebbero rimasti per sempre. Ci scambiammo i numeri, promettendo di rimanere in contatto, e lasciammo la nave con una nuova speranza per il futuro.

Di ritorno in studio, il giorno dopo la crociera, non potevo fare a meno di condividere la mia esperienza con i miei ascoltatori. Raccontai le risate, il romanticismo e la connessione inaspettata che avevo trovato con Emily. La mia voce tremava di eccitazione mentre parlavo, l'emozione dell'esperienza ancora fresca nella mia mente.

La risposta fu travolgente. I miei ascoltatori erano affascinati dalla mia storia, le loro immaginazioni accese dalle possibilità di trovare l'amore in alto mare. La crociera era stata un successo, non solo per le coppie che si erano trovate, ma anche per la comunità di ascoltatori che aveva condiviso l'esperienza.

E mentre guardavo la città dalla finestra dello studio, la skyline della città baciata dal caldo bagliore del sole al tramonto, sapevo che questo era solo l'inizio. La "Ed Tyll Show Dating Cruise" aveva appena preso il largo, e il suo viaggio all'insegna dell'amore e dell'avventura era tutt'altro che finito.

CAPITOLO 33

IL PROGRAMMA RADIO SULLA SPIAGGIA NUDISTA

Le linee telefoniche si illuminavano come un albero di Natale durante il mio talk radio show, "The Ed Tyll Show," ma l'argomento non era il solito mix di politica e cultura pop. Invece, un gruppo appassionato di ascoltatori si stava mobilitando per salvare un tesoro locale: Playalinda Beach, un rifugio per nudisti annidato lungo la Space Coast della Florida. Un nuovo commissario della contea, conservatore e moralista, aveva dichiarato guerra alla spiaggia, definendola immorale e un'onta per la comunità.

I miei ascoltatori, un gruppo eterogeneo di spiriti liberi, adoratori del sole e naturisti, erano indignati. Sostenevano che Playalinda fosse una spiaggia tranquilla e appartata, frequentata da famiglie e individui, e che chiuderla sarebbe stata una violazione delle loro libertà personali.

Le telefonate si susseguivano, e presto mi resi conto che questa non era solo una questione locale. Era una battaglia per la libertà di espressione, per il diritto di vivere senza paura del giudizio altrui. E come campione della libertà di parola, mi sentivo obbligato ad agire.

In onda, annunciai il mio piano: avrei trasmesso il mio programma in diretta dalla spiaggia di Playalinda, mettendo in risalto la sua bellezza naturale, la sua atmosfera pacifica e la comunità appassionata che la amava. Era una mossa audace, potenzialmente rischiosa per la mia carriera, ma ero determinato a difendere ciò in cui credevo.

Arrivò il giorno della trasmissione. Caricai l'attrezzatura nel mio fidato furgone, con il cuore che batteva forte per una miscela di eccitazione e apprensione. Mentre mi dirigevo verso la spiaggia, non potevo fare a meno di chiedermi in cosa mi stessi cacciando.

Arrivato a Playalinda, fui accolto da un mare di volti sorridenti. I miei ascoltatori si erano presentati in massa, con i loro corpi dipinti con slogan come "Salviamo la nostra spiaggia" e "La nudità è naturale". Avevano allestito tende, griglie e persino un palco improvvisato da cui trasmettere.

Mentre mi spogliavo (ehi, a Roma fai come i Romani, no?), provai un senso di liberazione. Il sole sulla pelle, la sabbia tra le dita dei piedi, il suono delle onde che si infrangevano sulla riva, era un momento di pura beatitudine.

Presi il mio posto sul palco, aggiustai il microfono e iniziai il mio show. L'energia era elettrica, l'atmosfera festosa. Intervistai i frequentatori della spiaggia, suonai musica e persino guidai un canto collettivo di "Born to Be Wild".

La trasmissione fu un successo clamoroso. I telefoni non smettevano di squillare, con chiamate da tutto il paese che esprimevano sostegno a Playalinda e lodavano il mio coraggio nel difendere la libertà di espressione. Le testate giornalistiche nazionali ripresero la storia, e in breve tempo diventai il volto della lotta contro la censura e il moralismo ipocrita.

Il commissario della contea, tuttavia, non era divertito. Mi definì un "pervertito" e una "minaccia per il pubblico decoro", giurando che avrebbe chiuso la spiaggia, con o senza il consenso popolare. Ma le sue minacce caddero nel vuoto. La gente aveva parlato e il messaggio era chiaro: la spiaggia di Playalinda doveva rimanere aperta.

Alla fine, la spiaggia rimase aperta, grazie alla forza della comunità e alla volontà incrollabile di chi difende la libertà. E io, il conduttore radiofonico una volta sconosciuto, ero diventato una figura nazionale, un campione del Primo Emendamento e un simbolo della lotta contro la censura.

L'esperienza mi insegnò una lezione preziosa. A volte, le battaglie più importanti non si combattono nelle aule di tribunale o nei parlamenti, ma sulle spiagge, per le strade e in onda. E finché ci saranno persone disposte a difendere ciò in cui credono, lo spirito di libertà non si estinguerà mai.

La trasmissione da Playalinda Beach fu un turbine, una confusione di corpi nudi, discorsi appassionati e il raro gabbiano curioso in cerca di una visione ravvicinata. Ma tra il caos, accadde qualcosa di straordinario. La storia di un conduttore radiofonico che trasmetteva in diretta da una spiaggia per nudisti per protestare contro la sua chiusura attirò l'attenzione dei media nazionali.

Inizialmente fu la stampa locale, con i giornalisti che affluivano sul posto per catturare lo spettacolo. Poi, la storia diventò nazionale, con servizi su CBS, ABC, NBC e persino CNN. Improvvisamente, non ero più solo una personalità radiofonica locale; ero un simbolo della libertà di parola, un campione del Primo Emendamento e una spina nel fianco dei politici conservatori.

L'attenzione dei media era elettrizzante e travolgente. Fui invitato a partecipare a talk show, intervistato da giornalisti di grandi quotidiani e persino invitato a tenere un discorso principale a una convention nazionale per naturisti.

La reazione del pubblico fu altrettanto intensa. Ricevetti migliaia di lettere ed e-mail, alcune elogiandomi per il mio coraggio, altre condannandomi per la mia "indecenza". Il mio telefono non smetteva di squillare con richieste di interviste, conferenze e persino qualche proposta di matrimonio (che declinai educatamente).

Da un giorno all'altro, diventai un nome noto, una figura polarizzante che suscitava sia ammirazione che indignazione. Gli ascolti del mio programma salirono alle stelle, e fui sommerso da offerte da altre stazioni, reti e persino produttori di Hollywood.

Ma tra il turbine di fama e notorietà, restai con i piedi per terra.

Non dimenticai mai il motivo per cui avevo trasmesso da Playalinda Beach in primo luogo: difendere i diritti dei miei ascoltatori e difendere i principi della libertà di parola.

Usai la mia nuova piattaforma per parlare di una varietà di questioni, dalla censura e l'eccesso di potere governativo alla giustizia sociale e alla protezione ambientale. Diventai una voce per gli invisibili, un campione dei deboli e un critico senza paura di chi detiene il potere.

Certo, non tutti erano contenti della mia franchezza. Ricevetti minacce di morte, lettere di odio e persino alcune proteste fuori dal mio studio. Ma rifiutai di farmi mettere a tacere. Sapevo che la mia voce contava, e ero determinato a usarla per fare la differenza.

Con il passare degli anni, la frenesia iniziale si attenuò, ma la mia reputazione come emittente impavida e schietta rimase. Continuai a condurre il mio programma, ad affrontare argomenti controversi e a spingere i confini di ciò che era considerato accettabile nelle trasmissioni.

E mentre non trasmisi mai più da una spiaggia per nudisti (alcune esperienze è meglio lasciarle come eventi unici), non dimenticai mai le lezioni che avevo imparato quel giorno. Imparai che il potere dei media può essere una forza positiva, che dire la verità al potere può avere un impatto reale, e che persino un umile conduttore radiofonico può fare la differenza nel mondo.

Quindi, la prossima volta che sentirai la mia voce alla radio, ricorda la storia del giorno in cui trasmisi da Playalinda Beach. È una storia di coraggio, convinzione e del potere duraturo della libertà di parola. Ed è un promemoria che a volte, gli eventi più inaspettati possono portare ai risultati più straordinari.

Le linee telefoniche si illuminavano come un albero di Natale durante il mio talk radio show, "The Ed Tyll Show," ma l'argomento non era il solito mix di politica e cultura pop. Invece, un gruppo appassionato di ascoltatori si stava mobilitando per salvare un tesoro locale: Playalinda Beach, un rifugio per nudisti annidato lungo la Space Coast della Florida. Un nuovo commissario della contea, conservatore e moralista, aveva dichiarato guerra alla spiaggia, definendola immorale e un'onta per la comunità.

I miei ascoltatori, un gruppo eterogeneo di spiriti liberi, adoratori del sole e naturisti, erano indignati. Sostenevano che Playalinda fosse una spiaggia tranquilla e appartata, frequentata da famiglie e individui, e che chiuderla sarebbe stata una violazione delle loro libertà personali.

Le telefonate si susseguivano, e presto mi resi conto che questa non era solo una questione locale. Era una battaglia per la libertà di espressione, per il diritto di vivere senza paura del giudizio altrui. E come campione della libertà di parola, mi sentivo obbligato ad agire.

In onda, annunciai il mio piano: avrei trasmesso il mio programma in diretta dalla spiaggia di Playalinda, mettendo in risalto la sua bellezza naturale, la sua atmosfera pacifica e la comunità appassionata che la amava. Era una mossa audace, potenzialmente rischiosa per la mia carriera, ma ero determinato a difendere ciò in cui credevo.

Arrivò il giorno della trasmissione. Caricai l'attrezzatura nel mio fidato furgone, con il cuore che batteva forte per una miscela di eccitazione e apprensione. Mentre mi dirigevo verso la spiaggia, non potevo fare a meno di chiedermi in cosa mi stessi cacciando.

Arrivato a Playalinda, fui accolto da un mare di volti sorridenti. I miei ascoltatori si erano presentati in massa, con i loro corpi dipinti con slogan come "Salviamo la nostra spiaggia" e "La nudità è naturale". Avevano allestito tende, griglie e persino un palco improvvisato da cui trasmettere.

Mentre mi spogliavo (ehi, a Roma fai come i Romani, no?), provai un senso di liberazione. Il sole sulla pelle, la sabbia tra le dita dei piedi, il suono delle onde che si infrangevano sulla riva, era un momento di pura beatitudine.

Presi il mio posto sul palco, aggiustai il microfono e iniziai il mio show. L'energia era elettrica, l'atmosfera festosa. Intervistai i frequentatori della spiaggia, suonai musica e persino guidai un canto collettivo di "Born to Be Wild".

La trasmissione fu un successo clamoroso. I telefoni non smettevano di squillare, con chiamate da tutto il paese che esprimevano sostegno a Playalinda e lodavano il mio coraggio nel difendere la libertà di espressione. Le testate giornalistiche nazionali ripresero la storia, e in breve tempo diventai il volto della lotta contro la censura e il moralismo ipocrita.

Il commissario della contea, tuttavia, non era divertito. Mi definì un "pervertito" e una "minaccia per il pubblico decoro", giurando che avrebbe chiuso la spiaggia, con o senza il consenso popolare. Ma le sue minacce caddero nel vuoto. La gente aveva parlato e il messaggio era chiaro: la spiaggia di Playalinda doveva rimanere aperta.

Alla fine, la spiaggia rimase aperta, grazie alla forza della comunità e alla volontà incrollabile di chi difende la libertà. E io, il conduttore radiofonico una volta sconosciuto, ero diventato una figura nazionale, un campione del Primo Emendamento e un simbolo della lotta contro la censura.

L'esperienza mi insegnò una lezione preziosa. A volte, le battaglie più importanti non si combattono nelle aule di tribunale o nei parlamenti, ma sulle spiagge, per le strade e in onda. E finché ci saranno persone disposte a difendere ciò in cui credono, lo spirito di libertà non si estinguerà mai.

La trasmissione da Playalinda Beach fu un turbine, una confusione di corpi nudi, discorsi appassionati e il raro gabbiano curioso in cerca di una visione ravvicinata. Ma tra il caos, accadde qualcosa di straordinario. La storia di un conduttore radiofonico che trasmetteva in diretta da una spiaggia per nudisti per protestare contro la sua chiusura attirò l'attenzione dei media nazionali.

Inizialmente fu la stampa locale, con i giornalisti che affluivano sul posto per catturare lo spettacolo. Poi, la storia diventò nazionale, con servizi su CBS, ABC, NBC e persino CNN. Improvvisamente, non ero più solo una personalità radiofonica locale; ero un simbolo della libertà di parola, un campione del Primo Emendamento e una spina nel fianco dei politici conservatori.

L'attenzione dei media era elettrizzante e travolgente. Fui invitato a partecipare a talk show, intervistato da giornalisti di grandi quotidiani e persino invitato a tenere un discorso principale a una convention nazionale per naturisti.

La reazione del pubblico fu altrettanto intensa. Ricevetti migliaia di lettere ed e-mail, alcune elogiandomi per il mio coraggio, altre condannandomi per la mia "indecenza". Il mio telefono non smetteva di squillare con richieste di interviste, conferenze e persino qualche proposta di matrimonio (che declinai educatamente).

Da un giorno all'altro, diventai un nome noto, una figura polarizzante che suscitava sia ammirazione che indignazione. Gli ascolti del mio programma salirono alle stelle, e fui sommerso da offerte da altre stazioni, reti e persino produttori di Hollywood.

Ma tra il turbine di fama e notorietà, restai con i piedi per terra. Non dimenticai mai il motivo per cui avevo trasmesso da Playalinda Beach in primo luogo: difendere i diritti dei miei ascoltatori e difendere i principi della libertà di parola.

Usai la mia nuova piattaforma per parlare di una varietà di questioni, dalla censura e l'eccesso di potere governativo alla giustizia sociale e alla protezione ambientale. Diventai una voce per gli invisibili, un campione dei deboli e un critico senza paura di chi detiene il potere.

Certo, non tutti erano contenti della mia franchezza. Ricevetti minacce di morte, lettere di odio e persino alcune proteste fuori dal mio studio. Ma rifiutai di farmi mettere a tacere. Sapevo che la mia voce contava, e ero determinato a usarla per fare la differenza.

Con il passare degli anni, la frenesia iniziale si attenuò, ma la mia reputazione come emittente impavida e schietta rimase. Continuai a condurre il mio programma, ad affrontare argomenti controversi e a spingere i confini di ciò che era considerato accettabile nelle trasmissioni.

E mentre non trasmisi mai più da una spiaggia per nudisti (alcune esperienze è meglio lasciarle come eventi unici), non dimenticai mai le lezioni che avevo imparato quel giorno. Imparai che il potere dei media può essere una forza positiva, che dire la verità al potere può avere un impatto reale, e che persino un umile condut-tore radiofonico può fare la differenza nel mondo.

Quindi, la prossima volta che sentirai la mia voce alla radio, ricorda la storia del giorno in cui trasmisi da Playalinda Beach. È una storia di coraggio, convinzione e del potere duraturo della libertà di parola. Ed è un promemoria che a volte, gli eventi più inaspettati possono portare ai risultati più straordinari.

CAPITOLO 34

#1 IL GIORNO DEI RECORD DI ASCOLTI

I dati sugli ascolti arrivarono come un'ondata travolgente, spazzando via il vecchio ordine e inaugurando una nuova era della radio parlata. Il mio programma, "The Ed Tyll Show," era salito ai vertici delle classifiche, spodestando il campione di lunga data, un vecchio brontolone noto per i suoi sfoghi prevedibili e opinioni obsolete. Fu una vittoria di Davide contro Golia, un trionfo di nuove prospettive e idee innovative su cliché ormai stanchi e formati antiquati.

La notizia si diffuse a macchia d'olio nell'industria. Il mio nome era sulla bocca di tutti, il mio show era il tema della città. Gli inserzionisti, un tempo titubanti ad associare il loro marchio al mio umorismo irriverente, ora facevano a gara per uno spazio pubblicitario nella trasmissione. La squadra commerciale della stazione, abituato a chiedere briciole, era improvvisamente sommersa da offerte, i loro telefoni che squillavano senza sosta con aziende e sponsor pronti a investire sul programma.

Anche il direttore della stazione, che in passato mi aveva guardato con scetticismo, si era ormai trasformato nel mio più grande sostenitore. Elogiava la mia creatività, passione e capacità di connettermi con gli ascoltatori a livello personale. Organizzò persino una festa in mio onore, con una torta su misura a forma di microfono.

Ma la vera ricompensa non era la fama, i soldi o gli elogi. Era la consapevolezza di aver fatto la differenza, di aver cambiato il panorama della radio parlata. Avevo dimostrato che un programma poteva essere sia divertente che informativo, che poteva sfidare le convinzioni degli ascoltatori e farli riflettere, il tutto mantenendoli con un sorriso.

Il successo della mia trasmissione ebbe un effetto domino sull'intero settore. Altre stazioni, vedendo la popolarità del mio show, iniziarono a prestare attenzione. Cominciarono a sperimentare nuovi format, ad abbracciare voci diverse e a spingere i limiti di ciò che era considerato accettabile in onda. La radio parlata non era più solo una piattaforma per vecchi uomini arrabbiati che sbraitavano sulla politica; era un mezzo vibrante e dinamico che rifletteva i gusti e atteggiamenti in evoluzione del pubblico.

Quanto al mio vecchio e ostinato concorrente, la sua unica opzione era adattarsi o scomparire. Tentò di inserire dell'umorismo nel suo programma, ma i suoi tentativi risultarono vani. Cercò di interagire con gli ascoltatori a livello personale, ma il suo atteggiamento burbero e le opinioni obsolete alienarono il pubblico. Alla fine, si ritirò, brontolando riguardo alla "decadenza della civiltà" e alla "fine della vera radio parlata".

Con il mio concorrente fuori dai giochi, divenni l'indiscusso re della radio parlata. Il mio programma continuò a dominare gli ascolti, attirando un seguito fedele e appassionato. Gli inserzionisti si accalcavano alla stazione, desiderosi di raggiungere il mio pubblico influente. Le entrate della stazione aumentarono, e la sua reputazione come leader in programmazione innovativa fu consolidata.

E così, lasciai il segno nell'industria della trasmissione, non solo come conduttore di talk show di successo, ma come un pioniere che aveva contribuito a rimodellare il mezzo. Il mio nome divenne sinonimo di radio all'avanguardia, e la mia influenza si sentì in lungo e in largo.

Ma non dimenticai mai le mie radici, gli ascoltatori che mi avevano sostenuto dal principio. Continuai a interagire con loro in onda, ad ascoltare le loro storie e a sostenere le loro cause. Usai la mia piattaforma per dare una voce agli invisibili, per sfidare lo status quo e per fare la differenza nel mondo.

E mentre guardavo indietro al mio percorso, da quella prima trasmissione incerta al culmine del successo, non potei fare a meno di provare un senso di gratitudine. Mi era stato dato un dono, una voce che poteva raggiungere milioni di persone. Ed ero determinato a usare quel dono per intrattenere, informare e ispirare.

Sindacato Nazionale

CAPITOLO 35

MAMMA, PER FAVORE, SCENDI DALLA MACCHINA

Organizzare una serata di gala per Capodanno era il sogno di ogni conduttore radiofonico. Lo sfarzo, il glamour, l'occasione di mescolarsi con l'élite della città... tutto faceva parte del fascino dell'evento. Ma quando aggiungi i genitori alla miscela, le cose possono prendere una piega inaspettata.

I miei genitori, Dio li benedica, non erano esattamente amanti della vita mondana. Mio padre, un contabile in pensione, preferiva una serata tranquilla a casa con un buon libro e un bicchiere di scotch. Mia madre, un'ex insegnante di scuola, era più socievole, ma la sua idea di una serata selvaggia era una partita a bingo nella chiesa locale.

Così, quando li invitai come miei ospiti d'onore alla festa di Capodanno, sapevo che la serata sarebbe stata interessante.

L'evento iniziò nel migliore dei modi. I miei genitori arrivarono, sembrando eleganti, mio padre con uno smoking leggermente largo, probabilmente noleggiato all'ultimo minuto, e mia madre con un vestito luccicante, acquistato per una crociera negli anni '80. Erano chiaramente fuori dal loro elemento, ma erano determinati a fare del loro meglio.

Con il passare della notte, lo champagne scorreva liberamente, la musica diventava più alta e la pista da ballo si riempiva di gente scatenata. I miei genitori, tuttavia, rimasero saldamente piantati al loro tavolo, sorseggiando i loro drink e osservando la scena con un misto di divertimento e stupore.

Ad un certo punto, mia madre, sentendosi un po' avventurosa, decise di unirsi a me sulla pista da ballo. Girammo e ridemmo, il suo entusiasmo contagiò tutti, attirando un piccolo pubblico di curiosi. Ma quando si avvicinò la mezzanotte, mio padre, l'eterno responsabile della famiglia, decretò che era ora di tornare a casa.

Salutammo gli altri ospiti e ci dirigemmo al parcheggio con servizio di valletto. Mentre aspettavamo la nostra macchina, mia madre, leggermente su di giri per lo champagne, iniziò a cantare "Auld Lang Syne" a squarciagola.

All'improvviso, una pattuglia della polizia si fermò accanto a noi, le luci lampeggianti che illuminavano la notte. Un agente scese dall'auto con passo deciso, con un'espressione seria sul volto.

"Signora," disse, rivolgendosi a mia madre, "ha bevuto stasera?"

Mia madre, il volto arrossato dall'imbarazzo, balbettò: "Beh, agente, ho bevuto qualche bicchiere di champagne."

L'agente le chiese di scendere dall'auto e di eseguire un test di sobrietà. Mio padre e io guardammo nervosamente mentre mia madre, l'equilibrio un po' traballante, tentava di camminare in linea retta e toccarsi il naso.

Dopo pochi minuti, l'agente tornò con un sorriso.

"Signora, ha passato il test," disse. "Ma, per favore, sii prudente sulla strada verso casa."

Mia madre, sollevata e leggermente imbarazzata, ringraziò l'agente e rientrò in macchina. Mentre ci allontanavamo, scoppiammo tutti a ridere.

"Beh, questa sì che è stata un'avventura!" disse mia madre, ancora ridendo.

"Champagne e test di sobrietà non sono proprio la migliore combinazione," aggiunse mio padre, scuotendo la testa.

Non potevo che concordare. Era una notte che non avremmo

mai dimenticato, un promemoria esilarante che anche gli eventi più glamour possono prendere una svolta inaspettata quando sono coinvolti i tuoi genitori. Ma, nonostante tutto, ci siamo divertiti un mondo, e abbiamo concluso la notte con una storia che avremmo ricordato per anni a venire.

CAPITOLO 36

HOLLYWOOD ASCOLTA

Il sole della Florida batteva sulle strade costeggiate da palme mentre concludevo un altro episodio entusiasmante di "The Ed Tyll Show". Non sapevo che la mia voce, trasportata dalle onde radio, stava per raggiungere un pubblico inaspettato a migliaia di chilometri di distanza.

In una lussuosa suite in un hotel fronte mare a Los Angeles, due potenti dirigenti radiofonici, Bob e Brenda, si stavano godendo una meritata vacanza. Avevano trascorso la giornata oziando a bordo piscina, sorseggiando margaritas e facendo brainstorming su idee per la loro stazione radio in difficoltà a casa.

Quando il sole cominciò a tramontare, proiettando un bagliore caldo sull'Oceano Pacifico, Bob accese la radio, sperando di ascoltare alcune notizie locali. Invece, fu accolto da una voce che era sia familiare che piacevolmente diversa. Era una voce piena di umorismo, arguzia e un pizzico di malizia. Era la mia voce.

Bob, incuriosito, chiamò Brenda per ascoltare. Rimasero lì, catturati, mentre mi lanciavo in un esilarante sproloquio sull'assurdità della TV di realtà, seguito da una discussione stimolante sullo stato della politica. La mia capacità di fondere senza sforzo umorismo e intelligenza, di intrattenere e informare, di connettermi con gli ascoltatori a livello personale li colpì.

"Chi è questo tizio?" chiese Brenda, gli occhi spalancati per la curiosità.

Bob scrollò le spalle. "Non lo so, ma è bravo. Davvero bravo."

Ascoltarono il resto del programma, le risate risuonavano nella suite mentre condividevo aneddoti, intervistavo ospiti e rispondevo alle chiamate degli ascoltatori. Alla fine dell'ora, erano convinti: avevano trovato la loro prossima grande star.

La mattina seguente, Bob e Brenda erano al telefono con i loro colleghi a Los Angeles, entusiasti del conduttore radio sconosciuto che avevano scoperto in vacanza. Ordinano alla loro squadra di rintracciarmi e farmi un'offerta che non avrei potuto rifiutare.

Pochi giorni dopo, ricevetti una chiamata che avrebbe cambiato la mia vita. Era un talent scout della stazione di Los Angeles, che mi offriva un contratto lucrativo per condurre il loro programma pomeridiano. L'offerta includeva un salario generoso, un ampio appartamento fronte mare e l'opportunità di lavorare nella capitale mondiale dell'intrattenimento.

Ero sbalordito. Io, un conduttore radiofonico della Florida, che riceveva un'offerta da sogno a Los Angeles? Sembrava quasi troppo bello per essere vero.

Ma era tutto reale. Dopo una trattativa lampo e un commovente addio ai miei fedeli ascoltatori della Florida, feci le valigie e mi imbarcai su un volo per la costa ovest.

Trasferirmi a Los Angeles fu più semplice di quanto avessi immaginato. La stazione mi accolse a braccia aperte, gli ascoltatori amarono subito il mio stile sarcastico e diretto e la città mi fece sentire immediatamente a casa. Divenni rapidamente una presenza fissa nelle onde radio, il mio programma era un appuntamento imperdibile per gli automobilisti bloccati nel traffico mentre tornavano a casa dal lavoro.

Il mio successo a Los Angeles aprì porte che non avevo mai sognato. Fui invitato a partecipare a spettacoli televisivi nazionali, a condurre eventi sul red carpet, e persino a scrivere un libro sulle mie esperienze nell'industria radiofonica.

Ma, nonostante tutto, non dimenticai mai quel giorno fortunato in cui la mia voce era arrivata per caso alle orecchie di due dirigenti radiofonici in vacanza. Era un promemoria che a volte, le opportunità più grandi arrivano quando meno te lo aspetti. Ed era una testimonianza del potere della radio, della capacità di connettere le persone attraverso immense distanze e creare momenti inaspettati e che cambiano la vita.

Los Angeles, con il suo fascino fatto di sogni, fama e sole eterno, mi aveva sempre affascinato. Avevo costruito una solida carriera radiofonica in Florida, conquistando il mio pubblico con battute taglienti e un umorismo fuori dagli schemi. Ma quando arrivò una chiamata da una prestigiosa stazione radio di Los Angeles, che mi offriva la possibilità di unirmi alla loro lineup, sapevo di trovarmi sull'orlo di un'opportunità che avrebbe potenzialmente cambiato la mia vita.

I dirigenti della stazione, percependo la mia esitazione a lasciare la sicurezza della Florida, decisero di rendere l'offerta più allettante. Mi portarono a Los Angeles per un fine settimana di lusso, cene e un rapido tour dei punti di riferimento più iconici della città.

La mia avventura iniziò con un giro con autista lungo Rodeo Drive, il cuore di Beverly Hills. Mentre navigavamo oltre le boutique di design, le concessionarie di auto di lusso e le strade costeggiate di palme punteggiate da ville imponenti, mi sentivo come se fossi entrato in un film. L'opulenza e il glamour erano inebrianti, e non potevo fare a meno di immaginarmi vivere la vita di un insider di Hollywood.

Successivamente, andammo a Malibu, dove mi fu offerta una vista mozzafiato sull'Oceano Pacifico da un ristorante su un dirupo. Mentre gustavo frutti di mare freschi e sorseggiavo un bicchiere di vino californiano, non potevo fare a meno di provare un senso di soggezione. Questa era la vita che avevo sempre sognato, l'epitome del California cool.

Ma il vero spettacolo fu visitare il molo di Santa Monica. Mentre passeggiavamo lungo il boardwalk, circondati da artisti di strada, giostre e la brezza salmastra dell'oceano, mi sentivo colmo di eccitazione. Questa era la Los Angeles che avevo sempre immaginato, un mix vibrante ed eclettico di culture, stili di vita e possibilità infinite.

Durante il fine settimana, i dirigenti della stazione mi illustrarono tutti i vantaggi di diventare un conduttore a Los Angeles. Mi promisero l'accesso a eventi esclusivi, interviste a celebrità, e persino la possibilità di camminare sul red carpet alle prime dei film. Dipinsero il quadro di una vita piena di eccitazione, opportunità, e sole senza fine.

Alla fine del fine settimana, ero affascinato. L'energia della città, la visione della stazione, e la promessa di una vita oltre i miei sogni più selvaggi erano troppo allettanti per resistere. Accettai la loro offerta, e nel giro di settimane, stavo impacchettando le mie valigie e dicendo addio alla Florida.

Trasferirmi a Los Angeles fu senza soluzione di continuità. La stazione mi accolse a braccia aperte, gli ascoltatori abbracciarono il mio umorismo e arguzia, e la città stessa sembrava una seconda casa. Divenni rapidamente un punto fisso sulle onde radio, il mio programma era un appuntamento imperdibile per gli automobilisti bloccati nel traffico mentre andavano al lavoro.

E i vantaggi? Beh, erano tutto ciò che mi era stato promesso e anche di più. Partecipai a eventi pieni di star, intervistai celebrità di primo piano, e persino camminai sul red carpet a una prima cinematografica (dove inciampai accidentalmente e feci quasi cadere George Clooney).

Ma la vera ricompensa fu l'opportunità di vivere il mio sogno, di far parte del mondo vibrante ed eccitante della radio di Los Angeles. E mentre guardavo la città dal mi balcone, l'insegna di Hollywood che brillava in lontananza, non potevo fare a meno di provare un senso di gratitudine. Ero stato attirato a Los Angeles dalla promessa di una vita migliore, e l'avevo trovata in abbondanza.

Fanclub di Los Angeles

CAPITOLO 37

UN GRAN MISCHIONE

La vasta metropoli di Los Angeles, una città pulsante di ambizione e sogni, era ben diversa dai tranquilli sobborghi dove avevo affinato le mie abilità radiofoniche. Con il volto fresco e colmo di entusiasmo, arrivai alla stazione, il cuore che batteva con un mix di eccitazione e trepidazione. Questo era il grande salto, il posto dove nascevano le leggende e decollavano le carriere. Ma presto scoprii che il cammino verso la celebrità radiofonica era lastricato di più del semplice talento e ambizione; era anche disseminato di ostacoli sotto forma di manager antiquati e personale disilluso.

Il mio primo incontro con i veterani avvenne durante una riunione di presentazione con il direttore del programma, un uomo che sembrava essersi nutrito a lungo di sigarette e cinismo. Mentre delineavo con entusiasmo la mia visione per uno show fresco, innovativo e senza compromessi, mi fissava con un'espressione vuota, gli occhi vitrei come ciambelle.

"Ragazzo," borbottò, la voce intrisa di condiscendenza, "questa è Los Angeles, non un qualche paesino di provincia dove puoi farla franca con questo tipo di sciocchezze. I nostri ascoltatori si aspettano sofisticazione, intelligenza e un certo livello di decoro."

Cercai di spiegare che il mio show era sofisticato, a modo suo. Che era intelligente, anche se con una giusta dose di umorismo. E che il decoro, pur essendo importante, non doveva significare noioso. Ma le mie parole caddero nel vuoto.

"Guarda," disse, interrompendomi, "facciamo questo lavoro da anni. Sappiamo cosa funziona e cosa no. Attieniti al copione e andrà tutto bene."

Il copione, a quanto pareva, era una raccolta terribilmente noiosa di argomenti pre-approvati, battute pronte e domande di intervista generiche. Era l'antitesi di tutto ciò in cui credevo, un approccio formulare alla radio che soffocava creatività e originalità.

Ma ero determinato a lasciare il segno. Cominciai a inserire sottilmente la mia personalità nello show, infilando una battuta arguta qua, un commento sarcastico là. Osai persino deviare dal copione occasionalmente, esplorando argomenti fuori limiti ma indubbiamente interessanti.

Gli ascoltatori risposero. I miei ascolti crebbero lentamente ma costantemente e iniziai a sviluppare un seguito fedele. Ma i veterani non ne furono divertiti. Mi accusarono di essere poco professionale, irrispettoso e una minaccia per la reputazione della stazione.

Un giorno, venni chiamato nell'ufficio della direttrice della stazione, uno spazio cavernoso riempito di libri rilegati in pelle e foto incorniciate di leggende radiofoniche del passato. La direttrice della stazione, una donna con uno sguardo d'acciaio e una reputazione di essere spietata, sedeva dietro una massiccia scrivania in mogano.

"Signor Tyll," disse, la voce fredda e autoritaria, "abbiamo monitorato il suo show e non siamo contenti di ciò che stiamo sentendo. Non sta seguendo il format, sta alienando il nostro pubblico principale e sta ridicolizzando questa stazione."

Cercai di difendermi, ma mi interruppe.

"Le abbiamo dato un'opportunità," disse, la voce crescendo con rabbia. "Pensavamo che avesse del potenziale. Ma ha dimostrato di essere solo un incosciente e irresponsabile giovane ribelle. È licenziato."

Rimasi devastato. Il mio sogno di conquistare la radio di Los Angeles era crollato attorno a me. Mi sentivo un fallito, un pazzo che aveva avuto l'ardire di sfidare il sistema e ne aveva pagato il prezzo.

Ma mentre uscivo dalla stazione, a testa alta, mi resi conto che non avevo rimpianti. Ero rimasto fedele a me stesso, alla mia visione di cosa potesse essere la radio. E mentre, forse, non avevo conquistato i veterani, avevo guadagnato qualcosa di molto più prezioso: il rispetto e l'ammirazione dei miei ascoltatori.

E così, il mio viaggio come conduttore radiofonico continuò, anche se su un percorso diverso. Trovai una nuova stazione, che abbracciava il mio stile unico e incoraggiava la mia creatività. Il mio show fiorì, e alla fine divenni una voce popolare nella radio di Los Angeles.

Guardando indietro a quel periodo tumultuoso, non posso fare a meno di ridere. Fu un battesimo del fuoco, un giudizio da parte di dirigenti tradizionalisti e personale disilluso. Ma fu anche una lezione preziosa sulla perseveranza, sull'importanza di rimanere fedeli a sé stessi e sul potere della risata per superare anche gli ostacoli più scoraggianti.

CAPITOLO 38

LA STAZIONE DEI RAGAZZI FIGHI

Intrappolato tra le grinfie di una stazione radiofonica antiquata e vecchio stile a Los Angeles, mi sentivo come un uccello in gabbia, le ali tagliate e la voce soffocata. Il format rigido della stazione, le play-list obsolete e l'avversione per tutto ciò che poteva essere minimamente controverso erano ben lontani dalla dinamica e coinvolgente radio che avevo immaginato.

Il mio show, una volta un mix esplosivo di umorismo, opinioni e interazione con il pubblico, si era trasformato in un prodotto insipido e prevedibile. Dovevo attenermi a temi approvati, leggere segmenti scritti a tavolino e evitare qualsiasi opinione che potesse turbare il pubblico conservatore e anziano della stazione.

Fu un'esperienza devastante per l'anima, una lenta morte per mille piccoli tagli. I miei ascolti crollarono, la mia creatività appassì e la mia voce, una volta appassionata, divenne un guscio vuoto.

Ma proprio quando pensavo di essere condannato a una vita di mediocrità radiofonica, un salvatore apparve sotto forma di un vecchio manager di stazione radiofonica di nome Max. Max, un veterano del settore, era recentemente arrivato a Los Angeles per assumere la guida di una stazione concorrente in difficoltà. Era noto per la sua programmazione innovativa, la sua disponibilità a correre rischi e la sua incredibile capacità di scoprire talenti inesplorati.

Un giorno, mentre navigava tra le onde radio di Los Angeles, Max si imbatté nel mio show. Fu immediatamente colpito dalla dissonanza tra la mia voce e il formato della stazione. Sentì la scintilla della creatività, l'accenno di ribellione, il potenziale di grandezza che veniva soffocato dall'approccio obsoleto della stazione.

Max sapeva di aver trovato la sua prossima grande star.

Mi contattò, offrendo la possibilità di unirmi alla sua stazione e di creare il tipo di show che avevo sempre sognato. Mi promise libertà creativa, un team di supporto e una piattaforma per raggiungere un pubblico più ampio e diversificato.

All'inizio esitai. Negli anni, mi erano già state fatte promesse di libertà creativa, rivelatesi poi illusioni. Ma Max era diverso. Aveva un comprovato record di successi, una genuina passione per la radio e una visione per il futuro che coincideva con la mia.

Accettai la sua offerta, e nel giro di poche settimane, feci le valigie e dissi addio alla vecchia stazione soffocante.

La transizione fu senza intoppi. La stazione di Max mi accolse a braccia aperte, il personale desideroso di collaborare e il pubblico affamato di qualcosa di nuovo ed eccitante. Mi fu concesso di sviluppare liberamente il mio show, di sperimentare con diversi format e di affrontare qualsiasi argomento suscitasse il mio interesse.

Il mio show divenne rapidamente un successo, un'alternativa fresca e irriverente alle offerte stantie e prevedibili di altre stazioni. Intervistai ospiti affascinanti, dibattei questioni controverse e mi impegnai in esilaranti acrobazie in onda. Gli ascoltatori lo amavano, e gli schizzarono alle stelle.

Max era entusiasta. Aveva scommesso su di me e aveva vinto. Mi aveva salvato dalle grinfie della mediocrità radiofonica e mi aveva dato l'opportunità di brillare.

E mentre guardavo la città dalla finestra del mio nuovo studio, l'insegna di Hollywood brillava in lontananza, non potei fare a meno di sentire un senso di gratitudine. Mi era stata data una seconda possibilità, la possibilità di fare ciò che amavo e fare la differenza nel mondo della radio parlata.

E tutto grazie a Max, il vecchio manager di stazione radiofonica che aveva ascoltato la scintilla di potenziale nella mia voce e mi aveva dato l'opportunità di liberarla.

La convention annuale della National Association of Broadcasters (NAB) a Las Vegas era un vortice di attività, un sovraccarico sensoriale di luci lampeggianti, voci rimbombanti e tecnologia all'avanguardia. In mezzo al mare di abiti e professionisti perfezionati, mi distinguevo come un pollice dolorante, la mia camicia dai colori vivaci e i capelli ribelli un testamento al mio approccio non convenzionale alla radio parlata.

Il mio show, noto per il suo umorismo irriverente, commenti provocatori e battute, aveva guadagnato un seguito di ascoltatori nel mio mercato locale. Ma avevo fame di più, desideroso di condividere il mio stile unico di radio con un pubblico più ampio.

Mentre navigavo nella sala espositiva affollata, i miei occhi furono attratti da uno stand adornato con insegne eleganti e un gruppo di dirigenti ben vestiti. Era lo stand di un importante sindacato radiofonico nazionale, un'azienda che poteva fare o distruggere la carriera di un emittente.

Con nervosismo mi avvicinai allo stand, il cuore che batteva all'impazzata. Mi presentai a uno dei dirigenti, un uomo alto, dall'aspetto distinto con uno sguardo penetrante.

"Ed Tyll," dissi, allungando la mano. "Sono un conduttore radiofonico della Florida e mi è stato detto che potreste essere interessati al mio show."

Il dirigente, il volto una maschera di professionalità cortese, annuì. "Siamo sempre alla ricerca di nuovi talenti," disse. "Parlami del tuo show."

Iniziai la mia presentazione, descrivendo il mio show come un mix unico di umorismo, commentario e interazione con il pubblico. Evidenziai la mia capacità di affrontare argomenti controversi con leggerezza, di far ridere le persone facendole anche riflettere.

Il dirigente ascoltò attentamente, la sua espressione che gradualmente mutava da interessato a genuinamente divertito. Rise ai miei aneddoti, annuì approvando i miei spunti e perfino sorrise al mio umorismo autoironico.

Alla fine della mia presentazione, era conquistato.

"Sei una ventata d'aria fresca in questo settore," disse, la voce piena di entusiasmo. "Il tuo show è esattamente il tipo di cosa che stiamo cercando. Parliamone."

Passammo il resto della convention discutendo i dettagli di un possibile accordo. Il dirigente era impressionato dalla mia passione, creatività e disponibilità a spingere i confini della radio parlata tradizionale.

Alcune settimane dopo, ricevetti la chiamata che stavo aspettando. L'accordo era stato finalizzato e il mio spettacolo stava andando a livello nazionale.

La notizia si diffuse come un incendio nel settore. Il mio nome era sulla bocca di tutti, il mio spettacolo il tema del momento. Gli inserzionisti, una volta esitanti a associare il loro marchio al mio umorismo irriverente, ora si affollavano per un pezzo dell'azione.

Il successo del mio spettacolo era una testimonianza del potere della radio guidata dalla personalità. In un mondo di contenuti preconfezionati e format standardizzati, il mio spettacolo si distingueva come una voce unica e autentica. Era un promemoria che la radio, al suo meglio, è una conversazione, una connessione tra un conduttore e i suoi ascoltatori.

E mentre guardavo la vasta distesa del paese dalla finestra dello studio, non potevo fare a meno di sentire un senso di stupore. La mia voce, una volta confinata in un piccolo angolo della Florida, stava ora raggiungendo milioni di persone in tutta la nazione.

Era un sogno che si avverava, una testimonianza del potere della perseveranza, creatività e un po' di fortuna. E tutto iniziò con un incontro casuale a uno stand affollato di una convention a Las Vegas.

L'oasi baciata dal sole della mia casa recentemente arredata a Los Angeles era una testimonianza del mio successo faticosamente guadagnato. Divani in pelle di lusso, un sistema di intrattenimento all'avanguardia e una vista panoramica sullo skyline della città erano i premi della mia carriera in crescita nella radio parlata. La vita andava bene, comoda persino. Ma come si suol dire, non puoi riposarti sugli allori nel mondo spietato della trasmissione.

Proprio mentre mi stavo sistemando nei miei lussuosi nuovi alloggi, il mio dirigente fece una rivelazione scioccante. Avevano ampliato la rete, aggiungendo più stazioni in tutto il paese, e volevano che guidassi l'espansione trasferendomi in uno studio nuovo di zecca e all'avanguardia. La condizione? Lo studio era a Chicago. Chicago, la città ventosa, la terra della pizza alta e degli inverni gelidi.

Ero diviso. Da un lato, questa era un'enorme opportunità, una possibilità di portare la mia carriera al livello successivo e raggiungere un pubblico più ampio. Dall'altro, significava lasciare il cielo soleggiato e lo stile di vita rilassato di Los Angeles per una città dove la temperatura scendeva regolarmente sotto lo zero.

Dopo molte riflessioni, decisi di fare il grande passo. Feci le valigie, salutai con malinconia le mie amate palme e salii su un aereo diretto verso la Città del Vento. Mentre l'aereo scendeva, vidi per la prima volta il paesaggio coperto di neve, un netto contrasto con le spiagge baciate dal sole che avevo lasciato alle spalle.

Il nuovo studio era tutto ciò che avevo immaginato e altro ancora. Era un miracolo tecnologico, dotato delle più moderne apparecchiature di trasmissione, cabine insonorizzate e una spaziosa sala di controllo che sembrava uscita da un film di fantascienza. Ma mentre uscivo per una pausa pranzo, il vento gelido mi colpì in faccia come un orso polare arrabbiato.

Mi resi conto rapidamente che la vita a Chicago sarebbe stata tutta un'altra partita. Dovevo investire in un cappotto invernale pesante, imparare a navigare nel famoso sistema a griglia della città e sviluppare un gusto per la pizza alta (che, devo ammettere, era sorprendentemente deliziosa).

Ma la sfida più grande era adattare il mio personaggio in onda a un nuovo pubblico. Gli ascoltatori di Chicago erano un pubblico difficile, il loro umorismo più asciutto, le loro opinioni più schiette e le loro aspettative più alte. Dovevo migliorare la mia performance, affinare la mia arguzia e trovare nuovi modi per connettermi con loro.

Lentamente ma sicuramente, iniziai a conquistarli. I miei ascolti aumentarono, il feedback fu positivo e iniziai anche a sviluppare un seguito fedele. Scoprii che i cittadini di Chicago, nonostante il loro aspetto duro, avevano un calore e un senso dell'umorismo che rivaleggiavano con qualsiasi città in cui avevo mai vissuto.

E così, abbracciai la mia nuova casa, con le sfide e le ricompense che essa comportava. Imparai ad apprezzare la bellezza di uno skyline coperto di neve, la solidarietà di un'esperienza invernale condivisa, e il brivido di conquistare un nuovo fronte.

E mentre ancora mi mancavano il sole e le palme di Los Angeles, sapevo di aver preso la decisione giusta. Avevo fatto un salto di fede, ero uscito dalla mia zona di comfort e atterrato in piedi in una città che era sia impegnativa che gratificante.

Quanto alla mia carriera? Beh, diciamo solo che il trasferimento a Chicago è stata la migliore decisione che abbia mai preso. Il mio spettacolo è diventato un successo nazionale, il mio nome sinonimo di radio parlata all'avanguardia. E anche se può sembrare che abbia scambiato il sole per la neve, ho guadagnato qualcosa di molto più prezioso: l'opportunità di crescere, evolvere e lasciare il mio segno nel mondo del broadcasting.

Tifosi di Detroit

CAPITOLO 39

NEW YORK CITY CAMBIA
DAVANTI AI MIEI OCCHI

Le sacre sale della Radio WABC, l'indiscusso re della radio parlata a New York City, erano una testimonianza della storia della trasmissione. Crescendo, la mia famiglia si riuniva intorno alla radio, le orecchie sintonizzate sulle voci che modellavano il discorso della città. Era la stazione che aveva acceso la mia passione per la radio, il sogno che avevo perseguito dal mio primo timido broadcast al liceo. E ora, eccomi qua, nel vero studio in cui le leggende avevano lasciato il loro segno, a fare un provino per l'ambito slot del drive-time pomeridiano.

L'audizione fu un vortice di nervi e adrenalina. Storpiai il mio monologo d'apertura, la mia voce si incrinò sotto il peso delle aspettative. Ma man mano che mi riscaldavo, la mia passione prese il sopravvento. Improvvisai sugli eventi attuali, condivisi aneddoti personali e mi impegnai in vivaci scambi con i produttori. Alla fine dell'ora, provai un senso di realizzazione, un barlume di speranza che avessi fatto una buona impressione.

Quando lasciai lo studio, la città che non dorme mai brulicava della sua solita energia. La gente correva sui marciapiedi affollati, i taxi gialli suonavano impazientemente e i grattacieli torreggianti proiettavano lunghe ombre sulle strade movimentate. Ma nell'aria c'era un senso di disagio, la sensazione che qualcosa non fosse del tutto a posto.

La mattina successiva, il mondo cambiò per sempre. L'attacco catastrofico al World Trade Center scosse la città, il paese e l'intero mondo. Lo skyline un tempo invincibile era per sempre alterato, un buco spalancato dove le Torri Gemelle una volta si ergevano.

Nel dopo tragedia, la città era sopraffatta dalla paura, dal dolore e dall'incertezza. La stazione radio, un pilastro di forza e resilienza, divenne una linea salvavita per i newyorkesi in cerca di informazioni, conforto e un senso di comunità. Ma l'attacco ebbe anche un profondo impatto sulla stessa stazione.

Il mercato pubblicitario una volta fiorente si prosciugò, la stabilità finanziaria della stazione fu scossa e il suo futuro era incerto. La direzione, di fronte a decisioni difficili, decise di vendere la stazione a un nuovo proprietario con una visione diversa per il suo programma.

Il mio sogno di condurre uno show fu spezzato. La stazione che avevo ascoltato da bambino, la stazione che aveva ispirato la mia carriera, non era più la stessa. Fu una perdita straziante, un promemoria della fragilità anche delle istituzioni più iconiche.

Ma tra la delusione, emerse una nuova opportunità. Una piccola stazione indipendente nei sobborghi, desiderosa di capitalizzare sul cambiamento del panorama mediatico, mi offrì la possibilità di condurre il mio show. Era una possibilità di mantenere vivo il mio sogno.

Accettai l'offerta e nel giro di poche settimane ero in onda, trasmettendo da uno studio angusto in un centro commerciale. Il pubblico era più piccolo, le risorse limitate, ma la libertà era esaltante. Potevo affrontare qualsiasi argomento, esprimere qualsiasi opinione e sperimentare nuovi formati senza paura di censura o ritorsioni.

Il mio show guadagnò rapidamente un seguito fedele, attratto dal mio commento onesto e senza filtri, dalla mia disponibilità ad affrontare questioni controverse e dalla mia capacità di trovare l'umorismo anche nei tempi più bui. Gli indici di ascolto della stazione salirono, gli inserzionisti se ne accorsero e la mia carriera tornò sui binari giusti.

E mentre non ho mai dimenticato il sogno di condurre uno show sulla WABC, ho realizzato che il mio viaggio mi ha portato su un percorso diverso, ma altrettanto gratificante. Ho trovato la mia voce, il mio pubblico e il mio posto nel mondo in continua evoluzione della radio parlata.

E mentre guardavo la città dalla finestra del mio studio suburbano, lo skyline era per sempre cambiato. Ma lo spirito di New York era ancora forte, sapevo di essere atterrato in piedi. Ho superato la tempesta, adattato al panorama in evoluzione e emerso più forte e più resiliente di prima.

Ospite Della Città Natale

CAPITOLO 40

IL COMICO DI GREENWICH VILLAGE

La stazione radio dei sobborghi era stata un lavoro comodo, uno stipendio stabile, un pubblico fedele, un ambiente rassicurante. Ma nel profondo, volevo di più.

La notizia della mia commedia tagliente e liberatoria si diffuse rapidamente attraverso il Village. Iniziai ad attirare un seguito, un gruppo di persone con la mia stessa mentalità che apprezzavano la mia volontà di dire la verità al potere e di trovare umorismo nell'assurdità della vita.

Una sera, dopo uno spettacolo particolarmente riuscito, un gruppo di comici che stavano guardando dal fondo della stanza si avvicinò a me. La mia performance, la mia intraprendenza e la mia prospettiva unica li impressionarono.

"Sei una ventata d'aria fresca in questa scena stantia," disse uno di loro, un tizio alto e magro con un cespuglio di riccioli ribelli.

"Ci siamo stufati delle solite battute, dei soliti schemi," aggiunse una donna dagli occhi penetranti e dall'arguzia tagliente.

"Vogliamo creare qualcosa di nuovo, qualcosa di diverso, qualcosa che metta in discussione lo status quo," intervenne un terzo, un uomo barbuto con una voce tonante e uno spirito ribelle.

Iniziammo a incontrarci regolarmente, a fare brainstorming di idee, scrivere battute e affinare i nostri stili comici individuali. Formammo un collettivo, un gruppo di emarginati e outsider uniti dalla nostra passione per la commedia e dal nostro desiderio di spingere i confini di ciò che era considerato accettabile.

Ci chiamammo "I Ragazzi Pazzi", un omaggio al nostro spirito ribelle e al nostro rifiuto di conformarci al mainstream. Ci esibivamo in piccoli club, locali underground e persino per le strade di Greenwich Village, i nostri spettacoli erano un mix di stand-up, sketch comici e performance art.

I nostri spettacoli erano grezzi, senza filtri e spesso controversi. Affrontavamo argomenti tabù, prendevamo in giro figure autoritarie e sfidavamo le nozioni preconcette del pubblico. Non avevamo paura di offendere, provocare o mettere a disagio le persone.

Ma eravamo anche divertenti. Esilaranti, persino. Le nostre battute erano taglienti, il nostro tempismo impeccabile e la nostra energia contagiosa. Avevamo un talento particolare nel trovare umorismo nei luoghi più oscuri, nel trasformare il dolore in risata e nel far riflettere le persone mentre ridevano.

I Ragazzi Pazzi divennero rapidamente una sensazione, i nostri spettacoli attiravano folle di fan fedeli e spettatori curiosi. Fummo presenti su giornali, riviste e persino in televisione, la nostra reputazione come il gruppo comico più tagliente e liberatorio della città cresceva con ogni esibizione.

E mentre il nostro successo era gratificante, non fu mai il nostro obiettivo principale. Eravamo guidati da una passione per la commedia, un desiderio di esprimerci liberamente e una convinzione nel potere delle risate di sfidare, ispirare e cambiare il mondo.

E così, I Ragazzi Pazzi continuarono ad esibirsi, a superare i limiti e a far ridere le persone. Eravamo una forza da non sottovalutare, una testimonianza del potere della creatività, della collaborazione e della fede incrollabile nel potere trasformativo della commedia.

Il mio posto nella scena comica di Greenwich Village era un turbine di risate, adrenalina e una sana dose di autoironia. Dai miei umili inizi nel talk radio suburbano all'energia elettrizzante di MacDougal Street, il mio viaggio era una testimonianza della forza della perseveranza, della creatività e della battuta ben piazzata.

I Ragazzi Pazzi, il gruppo che avevo formato con i miei compagni disadattati, erano diventati una forza da non sottovalutare. I nostri spettacoli erano pieni di spettatori entusiasti, la nostra reputazione cresceva e la nostra influenza comica si espandeva oltre i confini di Greenwich Village.

Una notte fatidica, ci esibivamo in un leggendario club comico su MacDougal Street, il cuore e l'anima della vibrante scena comica di Greenwich Village. Il proprietario del club, un veterano con un occhio attento al talento, era nel pubblico quella sera.

Mentre salivo sul palco, un'ondata di energia nervosa mi travolse. Il riflettore splendeva, i volti pieni di attesa del pubblico riempivano la stanza e il peso delle aspettative si posava pesantemente sulle mie spalle. Ma mentre iniziavo il mio spettacolo, i nervi svanirono, sostituiti dalla sensazione familiare di adrenalina e dall'energia contagiosa del pubblico.

Le mie battute colpirono perfettamente, le risate rimbombavano nella stanza come una sinfonia di approvazione. Mi lanciai su eventi attuali, presi in giro la cultura pop e persino qualche stoccata al proprietario del club stesso, che rideva bonariamente dal suo posto in fondo.

Alla fine, il pubblico ruggiva dalle risate, il loro applauso tonante. Il proprietario del club si avvicinò a me, il suo viso irradiava un sorriso.

"Sei un talento naturale," disse, la sua voce ruvida ma genuina. "Vorrei offrirti un incarico da conduttore per sei sere alla settimana al club."

Ero estasiato. Questa era l'opportunità che avevo aspettato, la possibilità di esibirmi sul palco più iconico del Village, di condividere la mia voce comica con un pubblico più ampio e di affermarmi come una forza da non sottovalutare nel mondo dello stand-up comedy.

I mesi successivi furono un vortice di attività. Affinai il mio materiale, perfezionai il mio tempismo e sviluppai un rapporto con il pubblico eterogeneo che affollava il club. Il mio incarico da conduttore per sei sere alla settimana divenne un campo di addestramento, un crogiolo dove imparai ad adattare la mia commedia a diversi tipi di pubblico, a gestire i disturbatori con grazia e a fornire una performance costantemente esilarante anche quando ero esausto.

Il mio successo su MacDougal Street attirò l'attenzione dei media. Giornali e riviste pubblicarono articoli su di me, trasmissioni radiofoniche mi intervistarono e persino un documentarista si avvicinò a me per fare un film sulla mia vita e carriera.

Il documentario, intitolato "I Ragazzi Pazzi", raccontò il mio viaggio dai sobborghi al Village, dal talk radio allo stand-up, dall'oscurità alla fama. Catturò l'energia grezza delle mie performance, la solidarietà dei miei compagni Outlaw e il potere trasformativo della commedia.

Il film fu un successo critico e commerciale, consolidando ulteriormente la mia posizione come figura di spicco nel mondo dello stand-up comedy. Non ero più solo un comico locale; ero una sensazione nazionale, una voce per i disadattati e un campione dell'assurdo.

Ma in tutto questo, non dimenticai mai le mie origini, i miei compagni Ragazzi Pazzi e il piccolo bar su MacDougal Street che mi aveva dato la mia prima grande occasione. Continuai ad esibirmi lì, a connettermi con il mio pubblico e a spingere i confini della commedia con ogni battuta, ogni performance, ogni risata.

E mentre guardavo il pubblico, i loro volti illuminati dalle luci del palco, le loro risate rimbombavano nella stanza, sapevo di aver trovato il mio posto, la mia voce e il mio scopo. Ero un comico, un provocatore, un narratore e un fuorilegge, legato per sempre al mondo vibrante e in continua evoluzione della stand-up comedy.

MC Ed Tyll

FINE

POSTFAZIONE

Ho voluto condividere queste storie dalla mia carriera radiofonica non solo per strappare qualche risata, ma anche per condividere la mia passione per questo settore selvaggio e imprevedibile. La radio parlata, con tutti i suoi alti e bassi, è stato un viaggio incredibile per me. Mi ha permesso di connettermi con persone di tutti i ceti sociali, di condividere i miei pensieri e idee con un vasto pubblico e di fare la differenza nelle comunità che ho servito.

Ma, più di tutto, credo che la mia storia sia la prova di quanto sia importante inseguire i propri sogni, anche quando sembrano folli o fuori dagli schemi. Ho iniziato come un ragazzo di provincia con una grande voce e un'ambizione ancora più grande. Attraverso il duro lavoro, la perseveranza e una giusta dose di umorismo, sono riuscito a trasformare la mia passione in una carriera di successo.

Quindi, se hai un sogno, che sia nel mondo della radio, della scrittura o in qualsiasi altro campo, non avere paura di inseguirlo. Affronta le sfide, impara dai tuoi errori e non smettere mai di credere in te stesso. E chissà, forse un giorno sarai tu a scrivere la tua postfazione, raccontando al mondo il tuo incredibile viaggio.

Ed Tyll